JOURNAL DE GUERRE

Jacques
VILLETARD DE PRUNIÈRES

JOURNAL DE GUERRE

1914-1917

PARIS

1930

Cet ouvrage a été tiré à deux cents exemplaires, qui n'ont pas été mis dans le commerce.

AVERTISSEMENT

AVERTISSEMENT

Jacques VILLETARD DE PRUNIÈRES, *étudiant en médecine et externe des hôpitaux de Paris, se trouvait à Pornic avec son père et sa mère, le 1er août 1914, lors de la mobilisation générale.*

Parti le soir même pour Paris, il fut incorporé dans une formation sanitaire du XXIe corps d'armée et assista aux combats livrés en Alsace, puis à la bataille de la Marne.

Nommé médecin auxiliaire, il fut affecté à une compagnie du génie, envoyée dans le Nord lors de la course à la mer. A la suite d'une brusque attaque des Allemands, à Hulluch, il fut blessé et fait prisonnier.

Retenu pendant neuf mois à Darmstadt, puis rendu à la France, il fut d'abord chargé d'un service médical à Epinal, puis, sur sa demande, envoyé de nouveau sur le front, comme médecin auxiliaire au 169e régiment d'infanterie, d'abord près des Eparges, ensuite devant Verdun, au poste avancé des Chambrettes, plus tard en Champagne lors des batailles d'avril-mai 1917. Blessé de nou-

veau à la tête, évacué sur un hôpital de Bordeaux, il fut, après sa guérison, affecté à une formation d'artillerie lourde, en Champagne, jusqu'à la démobilisation.

Très éprouvé par ses blessures, par les gaz et par les fatigues de la guerre, il avait pu cependant reprendre ses études de médecine et il achevait sa thèse de doctorat lorsqu'il fut brusquement enlevé à l'affection de ses parents et de ses amis, le 27 décembre 1923.

Il était décoré de la médaille militaire et de la croix de guerre.

Pendant presque tout le temps de ses séjours sur le front, il avait rédigé un journal qu'on trouvera reproduit dans les pages qui suivent.

Dans les Vosges et dans la Marne

1ᵉʳ Août. — Cinq heures. Mobilisation. Départ de Pornic à vingt et une heures. Autour de moi on semble encore avoir de l'espoir, mais je n'en ai pas, c'est bien la guerre.

La gare : vive animation; adieux. Dans le train, conversation agréable avec un vieux ménage monégasque sans enfants, qui envisage la guerre seulement au point de vue matériel ! En face de moi, un capitaine d'artillerie et sa femme : ils se parlent peu, mais se regardent souvent. — Nantes : je suis frappé de la teinte rouge sombre de la lune; est-ce un présage ? Dans la gare, foule dense qui ne peut trouver de place dans les trains triplés et bondés. Je me case difficilement dans le deuxième rapide pour Paris. Au départ du premier, la femme d'un capitaine de chasseurs a provoqué une violente crise d'émotion en se laissant traîner par le train pendant cinquante mètres plutôt que de lâcher la main de son mari. A minuit, premier jour de la mobilisation, nous voyons arriver les territoriaux gardes-voies.

2 Août. — Silence complet dans mon comparti-ment. En face de moi, une jeune femme pleure en regardant son mari et son bébé, endormis tous deux. A ma droite, un lieutenant d'infanterie de marine, couvert de médailles, dort béatement. A onze heures et demie nous parvenons à Paris. La gare d'Orléans présente un aspect normal. Les rues sont calmes, faute de véhicules. Je gagne notre maison (1) à pied. Sur la route, je rencontre de nombreux Saint-Cyriens en tenue de cam-pagne. La maison est triste. Dans l'appartement, j'ai une impression pénible de solitude et d'adieux. On sonne, c'est mon vieux Louis (2) qui vient m'apporter un nouveau témoignage de son affection. C'est dimanche, tout est fermé, je ne puis faire aucune course. Je me promène pour ne pas rester seul à la maison. Paris est calme et confiant. On vous regarde et on vous parle avec sympathie triste. Plus de morgue ni de jalousie : on a enfin la notion de la fraternité. Je vais déjeu-ner chez Jean (3) : il est déjà parti, je déjeune

---

(1) Boulevard Saint-Germain, 179.

(2) Louis Jarrige, longtemps valet de chambre au service de la famille.

(3) Jean Descaves, fils de l'écrivain Lucien Descaves ; mort pour la France.

seul, mais ici la solitude me pèse moins qu'à la maison. Je téléphone à toute la famille. Seuls mon oncle et ma tante Paul Lecaron sont chez eux. Je vais les voir. Visite réconfortante, quoique triste ; nous parlons des partants et de l'avenir. Mes cousins sont encore en Normandie et n'ont pu rejoindre Pornic. Je rentre à pied en rêvassant. On s'arrache aux kiosques les feuilles qui annoncent les premiers engagements. Je dîne seul chez Jean. Soirée d'halluciné : je revis l'hiver, la guerre est loin, je m'endors en lisant des vers.

3 Août. — Messe basse à Saint-François-Xavier. Beaucoup d'officiers et de soldats avec leurs familles. Recueillement intense. Courses diverses. Je rencontre Madier; nous partons ensemble ; joie ! A Saint-Antoine je ne rencontre pas le patron, parti depuis hier. Seuls restent, pour assurer le service, Kremen et Mlle Desmadière. Je ne puis rejoindre Jean Descaves. En rentrant, j'apprends que Marcel (1) est venu me dire adieu et m'annoncer qu'il part dans une formation sanitaire. Déjeuner chez Jean. Je rentre à la maison pour m'habiller après avoir dit adieu à Marie (2). Rapides préparatifs... Papiers mis en ordre. Je pars à trois heures et demie. En bas, le profes-

---

(1) Marcel Arrault, cousin germain de J. V. de P.

(2) Mme Marie Challut, au service de la famille depuis trente-cinq ans.

seur et Mme Déjerine me font des adieux touchants que je ne pourrai oublier.

Je gagne la gare Montparnasse. Près de la gare, la foule est dense, mais calme. Elle est formée de petits groupes d'hommes qui partent, accompagnés de leurs parents et amis. Je suis heureux d'être seul ; il me suffit de voir chez les autres ces visages tristes reflétant de la résignation et malgré tout une grande confiance. A la gare, une organisation parfaite me permet de gagner rapidemert mon train. La *Marseillaise* et le *Chant du Départ* s'entendent de tous côtés. Les hommes sont dans leur état normal, ni trop gais, ni trop tristes. Très peu sont ivres. Sur tout le parcours notre train est acclamé ; ce sont des signes d'adieux sans fin.

Versailles très animé. Caserne d'Anjou. Sainte-Geneviève : toute la Faculté (étudiants) y est réunie. J'y rencontre Madier, Wolfromm, etc., mais surtout le caporal Jacques Florand (1). Ce dernier m'annonce qu'on peut choisir sa formation ; nous décidons de partir ensemble dans une formation de l'avant. Nous passons notre première nuit militaire dans une des petites chambres du collège, après avoir quitté la bande bruyante des médecins auxiliaires.

4 Août. — Habillement dans la caserne des

------

(1) Ami de J. V. de P., fils du docteur Florand, médecin des hôpitaux.

dragons. Nous revivons les premiers jours du service. Revenus à Sainte-Geneviève, nous nous promenons longuement dans le grand parc. Nouvelle nuit dans le collège.

5 Août. — C'est fait : nous sommes inscrits dans un groupe de brancardiers, la 1/2 13ᵉ du XXIᵉ corps. Ainsi nous verrons le feu. Nous déjeunons avec Vétu, ami de Jacques, qui fait aussi partie de notre 1/2 13ᵉ. Orage violent. Départ à 6 heures de la caserne d'Anjou. Arrivée au Grand Palais, à Paris, à 9 heures (Thièvre, Florand, Vétu, etc.). J'emmène Thièvre coucher chez Jean. Joie étrange ! Sensation de retour !

6 Août. — Nous regagnons de bonne heure le Grand Palais où nous devons nous tenir prêts à partir. Assis en haut du grand escalier, nous pouvons à loisir contempler le spectacle extraordinaire que donne la principale nef, occupée au centre par la commission de remontes, à la périphérie par les formations sanitaires du XXIᵉ corps. Au milieu de tous les chevaux et voitures, des autos circulent à toute vitesse, faisant fonctionner leur échappement libre et leur sirène. A midi, je déjeune avenue d'Antin avec Jacques et Vétu. Paris est devenu le paradis du soldat, on paie partout au prix de gros, quand on peut payer, et il suffit de faire signe à n'importe quelle auto pour qu'elle se mette à votre disposition. Nous revenons le soir au Grand Palais pour y passer la nuit, dans l'attente de l'ordre de départ. Nuit froide et triste, peut-être parce que je suis souffrant.

7 Août. — Nous sortons de bonne heure, Jacques et moi, pour faire quelques courses en auto. Nous nous ravitaillons à la maison en linge et effets chauds. Nous dînons et couchons chez Jean.

8 Août. — Pas encore d'ordre de départ. Nous allons déjeuner au restaurant italien. Très bon repas. Quand en ferons-nous un semblable ? Nos voisins, presque tous étrangers, s'entretiennent de la guerre comme ils le feraient d'une grande première. A sept heures l'ordre de départ arrive. Départ à dix heures, les quais jusqu'à Bercy. La nuit se passe sur les quais de Bercy. Nous nous embarquons au petit jour. Destination inconnue, peut-être Epinal.

9 Août. — Bercy, Dijon, Gray. Réception enthousiaste dans toutes les gares. Les dames de la Croix-Rouge nous distribuent des vivres, des boissons et du tabac. Gare de Dijon : vieux souvenirs ! Il n'est plus question de gamelles de pain d'épices. Cette fois, ce sont de vraies gamelles que nous avons à remplir ! Gray : il fait nuit noire ; nous marchons droit vers l'Est.

10 Août. — Notre train avance lentement, précédé et suivi à courte distance par d'autres trains. Nous débarquons à huit heures trente à Darnieulles, près d'Epinal. Un aéro allemand survolant Epinal est abattu par nos canons.

Journée d'attente dans une ferme, près de la gare. Nous partons le soir. Nous traversons Epinal qui nous produit une impression lugubre avec ses rues noires et désertes, barrées et gardées par de nombreuses sentinelles. Nous longeons ensuite d'immenses parcs remplis de bestiaux et plusieurs forts. Nous parvenons tard à Longchamps, où nous partageons une grange avec des territoriaux. Cette première étape nous a paru dure, faute d'entraînement.

11 Août. — Réveil très matinal. Départ pénible, mais heureusement marche courte jusqu'à Gugnecourt.

12 et 13 Août. — Gugnecourt. Tout le service sanitaire de réserve du XXI° corps est là.

14 Août. — Nous quittons à cinq heures du soir ce petit village charmant où, bien accueillis dans de bons cantonnements, nous avons passé des jours heureux. Nous marchons au canon, qui ne cesse de se faire entendre du côté de Saint-Dié. Nous abordons les Vosges. La route est dure, mais traverse une splendide forêt de sapins. Nous parvenons tard à Rouges-Eaux, petit village bâti au fond d'une gorge superbe. Nous logeons chez le maire, ancien soldat, qui nous accueille cordialement.

15 Août. — Départ à quatre heures. Montée pénible jusqu'à un col d'où nous avons une vue admirable sur les Vosges et les cols de la frontière, où l'on se bat. Descente sur Saint-Dié par une chaleur torride. Nous entrons dans la ville vers midi et cantonnons dans la caserne des chasseurs à pied. Nombreux blessés et prisonniers. Je dîne à l'hôtel avec Jacques. Nuit mauvaise et froide.

16 Août. — Départ à cinq heures trente. La route est encombrée de convois du XIVe corps. Provenchères : premier champ de bataille. Montée au col de Saales. Frontière !... Sanatorium. Nuit sur la terrasse. Pluie torrentielle.

17 Août. — Départ matinal. Saales, Saint-Blaise, Plaines (tranchées, batteries), Champenay, Rothou, Vipuelle. Bien reçus dans un cantonnement ouvrier.

18 Août. — Shirmeck. Nous rejoignons notre 1/2 active. Ambulance à la gare. Premier voyage à Russ vers cinq heures (baptême sérieux). Nous ramenons des blessés en assez grand nombre. Un aéro nous survole au retour. Deuxième voyage à la tombée de la nuit. Nous allons jusqu'aux avant-postes. Routes et villages sont barricadés. Pour la première fois nous voyons éclater des obus la nuit. Je reste longtemps dans la petite école pour panser des blessés, aidé par l'instituteur, charmant homme. — Alerte ! Notre formation est partie sans nous. J'emmène les blessés qui peuvent marcher et nous détalons à travers les barricades jusqu'à Russ. Travail jusqu'à quatre heures à l'ambulance. Une heure de sommeil chez le docteur. Les obus tombent sur la ville. Nous évacuons. — Salm, Grandfontaine, Donon.

19 Août. — Montée pénible du col de Salm. Chaleur torride. Pays superbe, mais nous sommes vraiment trop pressés. Vallée de Grandfontaine. Montée du Donon. Je suis à bout de forces. Je rencontre un sergent de la section de Robert (1), qui m'apprend que son lieutenant a été légèrement touché hier en sauvant sa section. Peut-être vais-je le trouver à l'ambulance ! — Sommet du col. Je ne trouve pas Robert. Nuit très froide sous les sapins.

20 Août. — Col du Donon. Nous attendons toute la journée les obus, qui n'arrivent pas jusqu'à nous. Je cherche en vain à rejoindre Robert, de qui je ne puis avoir de nouvelles.

21 Août. — Les obus nous arrivent maintenant, mais éclatent très haut au-dessus de nous et ne

---

(1) Robert Jacquier, sous-lieutenant de chasseurs à pied, cousin et ami de J. V. de P., mort pour la France le 21 août 1914.

nous font pas de mal. Couchés, Jacques et moi, au pied d'un gros sapin, nous attendons la fin. Vers midi, nous descendons à l'ambulance de Raon-la-Plaine pour assurer l'évacuation des blessés. Beaucoup de blessés, surtout des chasseurs à pied, quelques officiers, mais pas d'amis. Impossible de savoir ce qu'est devenu Robert. Journée très pénible. L'ambulance se replie vers le soir. Nous cantonnons dans la filature.

22 Août. — Départ en alerte au petit jour. Les obus nous arrivent. Vexaincourt. Nous reculons pied à pied pour n'être pas enveloppés. La population évacue les villages devant nous. Allarmont. Nous cantonnons deux heures et partons en alerte sans avoir le temps de déjeuner. Pour la première fois je rencontre le docteur Fritch. Brave 2 1/1 ! Celles. Cantonnement d'alerte à l'entrée du village, dans une grande scierie. Nuit agitée !

23 Août. — Nous allons cantonner à la sortie de Celles, où nous restons toute la journée. Nous revenons cantonner à la mairie pour la nuit. Alerte à onze heures. La 2 1/1 nous sauve. Nous gagnons Raon-l'Etape.

24 Août. — Nous arrivons à Raon au petit jour. Froid terrible. Nous visitons Raon et partons vers midi. Les chasseurs barricadent la ville qui prend un aspect sévère et me fait songer à Bazeilles ! Les derniers habitants partent avec nous ;

la route en est encombrée. Nous gravissons le col de la Chipotte par une chaleur accablante. Première crise d'entérite. Jean a une défaillance complète. Nous parvenons à Saint-Benoît. Encore du 17ᵉ chasseurs. Toujours pas de nouvelles de Robert. Je n'ose plus en demander. Nous cantonnons à la sortie du village. Je suis de garde avec Jacques auprès d'un calvaire. La croix se détache nettement sur la vaste lueur rouge qui s'étend à l'horizon, du côté de Baccarat. Le canon tonne une partie de la nuit et recommence au petit jour, quand nous partons.

25 Août. — Vive fusillade dès le matin, surtout en arrière, du côté de la Chipotte. Nous marchons sur Rambervilliers. Nous cantonnons à la gare. Nous recevons enfin des renforts, plusieurs régiments qui reviennent de la haute Alsace et sont pleins d'enthousiasme. La journée s'annonce bonne ; nous arrêtons les Allemands à la Chipotte. La vue de Rambervillers ravive mon inquiétude. Qu'est devenu Robert ? Nous faisons la popote sur le quai de la gare et nous repartons pour gagner Autrey-Sainte-Hélène, où nous cantonnons, Sainte-Hélène, grand couvent transformé en asile, occupé actuellement par plusieurs ambulances. Je retrouve Madier. Nous restons jusqu'à la nuit dans une grande prairie, au bord d'une rivière. Il pleut à torrents. Vers la nuit, trempés, nous allons nous mettre à l'abri dans l'église.

Alerte vers trois heures. La section fatiguée marche mal, aussi nous partons, au nombre d'une dizaine, en avant-garde avec l'aumônier, car on a très grand besoin de nous du côté de la Chipotte. Nous rencontrons plusieurs régiments alpins et de l'infanterie de marine. Près de Saint-Benoît les obus tombent. Un général veut nous empêcher d'aller plus loin, mais notre aumônier ne veut rien entendre. Nous gagnons Saint-Benoît où un spectacle terrible s'offre à nous. Il y a des blessés partout et il en arrive toujours.

Nous passons toute la journée sans un instant de répit. Vers le soir nous établissons à cinq un poste de secours pour remplacer l'ambulance qui se retire à cause des obus et de la menace d'être tournée. A la nuit nous regagnons Autrey-Sainte-Hélène.

26 au 30 Août. — Autrey-Sainte-Hélène.

31 Août. — Fraispertuit, col du haut du bois. Une bombe d'aéro tombe à quelques mètres de nous sans faire de mal. Saint-Benoît.

1er Septembre. — Fraispertuit.

2 Septembre. — A cinq heures, départ de Fraispertuit pour Frémifontaine.

3 Septembre. — A cinq heures, départ de Frémifontaine pour Bruyères et Laveline où nous cantonnons dans l'école. Ravitaillement.

4 Septembre. — Laveline. Nuit sur les quais de la gare.

5 Septembre. — Laveline gare. Embarquement à 14 heures pour destination inconnue. Epinal, Mirecourt. Bonne nuit.

6 Septembre. — Débarquement à Joinville (Haute-Marne), à sept heures. Etape courte, mais très pénible à cause de la chaleur. Morancourt : Bon cantonnement.

7 Septembre. — Départ à trois heures. Marche longue devenant très pénible à cause de la chaleur excessive et de la poussière soulevée par l'artillerie qui nous dépasse. Très bon cantonnement à Droyes. Joyeux dîner dans la cour d'une grande distillerie. Bon vin et tabac !

8 Septembre. — Départ à quatre heures. Corbeil, Saint-Ouen. Nous gagnons la ligne de feu ; nombreux blessés du XVII° corps. Nous longeons le camp de Mailly pour gagner la Ferme neuve où se trouve l'ambulance V. Des obus tombent sur le côté en avant de nous. Je pars avec Jacques et Bonnet pour ramasser des blessés dans les petits bois du camp, en avant et sur notre gauche. Travail fatigant à cause du terrain. Nuit au bord de la route, en face de la ferme.

9 Septembre. — Ferme neuve. Plusieurs voyages dans le camp. Chaleur intense. Obus dans le petit bois de la crête. Ferme de Montmarin à la nuit. Nombreux blessés. Retour à la Ferme neuve et à Saint-Ouen avec un convoi important de prisonniers. Nous rentrons très tard à la Ferme neuve (3 heures) ; il pleut ; nous cantonnons encore au bord de la route. Je me glisse sous une botte de paille, entre Le Coif et Bonnet.

10 Septembre. — Nous partons tard vers la ferme de Laval-Lecomte, où se trouve la brigade. Nous y restons tout l'après-midi. Un seul voyage dans le camp. Le soir je me promène avec Bonnet dans le parc de la ferme : bon moment. Nous gaulons des noix, le canon s'éloigne. Le coucher de soleil est splendide. Nous nous endormons dans un hangar ; mais, au bout de peu de temps, nous partons en alerte vers la Ferme neuve ; nous gagnons Saint-Ouen, puis nous nous enfonçons dans le camp vers Sompuis. La terre grasse rend la route pénible. Plusieurs fermes dans des oasis. L'aspect nocturne de ces petits bois touffus est sinistre, car ils sont remplis de cadavres. Route de Sompuis. Bonnet et moi nous dormons une heure, appuyés l'un contre l'autre, le temps étant froid et humide. Autour de nous, toujours des cadavres, que l'on devine au petit jour. Nous gagnons la route de Paimbrand. La ferme de ce nom présente un tableau de carnage indescriptible (dû à notre 75). Un peu de repos, et nous gagnons le signal de Sompuis, où nous avons du travail.

11 Septembre. — Nous déjeunons au signal, dont les alentours témoignent, par leur bouleversement, des luttes furieuses des jours précédents. On enterre à la hâte tous les cadavres d'hommes et de chevaux. Vers le soir nous descendons à Sompuis. Nous évacuons de très nombreux blessés. Il pleut à torrents. Plusieurs maisons du village brûlent encore et éclairent de lueurs rouges notre lugubre travail. Je rentre tard au cantonnement. J'ai une forte crise d'entérite. Je ne pourrai marcher demain.

12 Septembre. — Sompuis. Avec Jacques, je visite les ruines du village. Toujours des cadavres partout. Il pleut. Nous partons tard pour Coole. Toute la terre est ravagée et pleine de « macchabées ». Nous passons la nuit à Coole, car le temps est effroyable. Départ au petit jour par une tempête de pluie et de vent.

13 Septembre. — Coole. Thomy-aux-Bœufs. Assez bon cantonnement. Ravitaillement. Alimentation encore possible.

14 Septembre. — Départ de Coole à six heures. Marson. Courtisolles. Tout le pays est dévasté, les ponts sont détruits. De nombreux aéros. Que de cadavres de chevaux ! Que de bouteilles !

15 Septembre. — Départ de Courtisolles à six heures. Bucy-le-Château. Les routes sont transformées en fondrières et très encombrées. Suippes. Souain. La ligne de feu.

16 au 25 Septembre. — Suippes. Poste de secours.

26 Septembre. — A dix heures et demie, le médecin chef de notre formation me fait appeler. Il m'attend à la porte de son bureau pour me prévenir que le médecin divisionnaire a l'intention de me nommer médecin auxiliaire au 11ᵉ génie. Je suis étonné d'être proposé le premier de la formation, car il y a de plus vieux étudiants que moi. Le médecin chef ajoute que je puis réfléchir avant d'accepter, car si ce poste présente de grands avantages, je serai, par contre, beaucoup plus exposé qu'à la section. Bien entendu, j'accepte avec joie cette place tant désirée et espérée depuis le début de la guerre. Un médecin sur la ligne !

Le médecin divisionnaire me questionne sur mes études et me donne quelques conseils, puis l'ordre de partir dans une heure.

Tristes sont les adieux à mon petit groupe, surtout à Jacques et à Bonnet. Comment ferons-nous pour supporter ce que l'avenir nous réserve quand nous serons séparés, nous qui avions tout mis en commun depuis les premiers jours de la campagne ?

Vers midi, je pars avec le convoi de ravitaillement de la 21/7 compagnie du 11ᵉ génie. Jacques est venu m'accompagner jusqu'à la voiture. Il est lugubre. Je suis exubérant, mais je sens que ma gaîté détonne. En route je songe surtout à mes nouvelles fonctions. J'ai pu, fort heureusement, voir à l'ambulance mon prédécesseur, le docteur Frisch, qui m'a rapidement mis au courant du service. A son avis, je ne puis avoir de meilleur poste dans notre division.

Les voitures s'arrêtent sur la route de Perthes, à hauteur de la cote 151, où ma nouvelle compagnie a son bivouac, un peu en arrière des premières tranchées. Pour y parvenir, nous devons parcourir environ 1.500 mètres, en partie sous bois. Je pars en avant avec le sergent Borel. Toute notre route a été labourée par les obus. De temps à autre on en entend siffler un au-dessus de nous et nous le voyons éclater sur notre gauche. Avant de parvenir au bivouac de la compagnie, il nous faut traverser un espace découvert dominé par les tranchées allemandes. Nous nous défilons le plus possible, ce qui n'empêche pas les balles de siffler autour de nous. Nous arrivons sans encombre au bivouac après avoir essuyé encore quelques coups de feu.

Je suis reçu d'une façon charmante par l'état-major de la compagnie, qui comprend le capitaine Vergniaud, le lieutenant L'Hermié des Plantes, les sous-lieutenants Gény et Gautier et l'aspirant Renard.

L'aspect du bivouac est typique : la compagnie, forte de deux cents hommes, est entièrement logée dans de petites tranchées recouvertes de troncs d'arbres et de terre gazonnée. Le « château », que je vais habiter, se distingue des autres par sa plus grande taille, par son double toit formé de gros troncs d'arbres et par sa cheminée, découpée dans une caisse à cartouches !

En partie sous des sapins et émergeant peu du sol, nos demeures sont ainsi difficilement repérables par les aéros. Malgré ces précautions, une terrible « dégelée » de « marmites » s'est abattue aujourd'hui sur notre petit bois, qui, de ce fait, se trouve assez bouleversé. Un sapeur a été tué. Nous l'enterrons à la lisière sud de notre bois. Cérémonie touchante...

La journée se termine sans incidents. Quelques obus passent au-dessus de nous pour aller éclater plus loin sur notre gauche. De temps en temps, pan... paf... C'est un « singe » (tireur monté dans un arbre) qui s'amuse. A cinq heures, dîner fort gai à la porte du « château ». Nous sommes assis par terre (à cause des « singes »), et trois caisses de cartouches nous servent de table. Nous nous couchons avec le jour. Vers onze heures, nous sommes réveillés par une violente fusillade à laquelle succède bientôt le canon. Je me glisse jusqu'à notre porte pour voir ce qui se passe, mais il m'est impossible de sortir, car notre bivouac, situé en contre-bas des tranchées, est littéralement balayé par un réseau de balles. Celles-ci, ricochant sur les arbres, font entendre de véritables miaulements et font tomber une pluie de petites branches.

L'action paraît surtout vive à notre gauche, vers Sourin. Le feu cesse tard dans la nuit.

27 Septembre. — Pas de blessés pendant la nuit. Seul le cheval de Gautier a reçu une balle au-dessous de l'œil.

Matinée calme. Les sections partent au travail. Je reste seul avec le capitaine. Nous causons longuement de voyages. De temps à autre, un « singe » manifeste sa présence ou de grosses marmites tombent en arrière de nous sur la voie romaine. Gautier et Renard rentrent tard. Dîner. Encore une vive alerte du côté de Souain, vers onze heures.

28 Septembre. — Pendant la visite, une balle coupe une branche de sapin entre un malade et moi. Après-midi seulement troublé par les singes et quelques gros obus qui tombent à 200 mètres en arrière. Les 155 français passent au-dessus de nous, se dirigeant du côté de Perthes (batterie 105 allemande). Calme plat de 4 à 6 heures, ce qui est rare. A 21 heures, nous sommes réveillés par une violente canonnade. Les cinq batteries placées derrière nous tirent efficacement et les

Allemands répondent. On distingue nettement l'éclatement spécial des 77 en avant de nous et les sourdes explosions des 105, qui, plus proches, ébranlent nos cabanes. L'ensemble, en pleine nuit, est assez réussi. Au bout d'une demi-heure, une vive fusillade fait suite à la canonnade. Alerte vive, mais de courte durée, à laquelle fait suite une nuit calme.

29 Septembre. — Toujours des singes. Une de leurs balles traverse mon manchon pendant que je prépare des grillades de pain devant notre feu. Toujours des marmites sur la voie romaine. Déjeuner dans notre « château », à cause du froid. Dans l'après-midi, les marmites tombent de plus en plus près de nous, sans toutefois blesser personne. Aujourd'hui la compagnie a fait bonne chasse, aussi allons-nous manger du lapin ce soir. De droit je suis chargé de la popote. Le ravitaillement est admirable, mais il est difficile de varier le menu. Notre ordinaire se compose le plus souvent d'une bonne soupe, d'un rôti, de légumes ou de pâtes et parfois d'un dessert, de plus en plus rare. Comme boisson, du café et de la « gniaule », l'eau et le vin n'étant guère buvables. Le manque d'eau surtout est pénible ; nous en avons à peine pour faire notre toilette.

Dans la soirée, une section part avec Gautier pour couper la route Souain-Perthes. Nuit calme.

30 Septembre. — Une attaque doit avoir lieu dans notre secteur. Aussi dès cinq heures règne-t-il autour de nous une vive agitation silencieuse. Pas de coups de feu ; au contraire, un calme exagéré. A la lisière des petits bois, on voit s'acheminer en silence les sections d'attaque. Deux sections du génie, commandées par L'Hermié et Gautier, doivent précéder les colonnes d'attaque pour couper les réseaux de fils de fer non démolis par les obus.

Bientôt, les 155 commencent à donner au-dessus de nous, puis brusquement les batteries de 75 se mettent à l'ouvrage. Grand vacarme, complété par le déchirement des shrapnels allemands qui commencent à éclater drus au-dessus des tranchées.

Avant de partir, L'Hermié et Gautier me confient leurs papiers.

Je suis le mouvement, qui se fait mollement. Seule, une compagnie du 21ᵉ attaque vivement presque en face de nous. Sortis en tirailleurs des tranchées, les hommes traversent assez rapidement un espace découvert sans essuyer de feu violent. Ils se rapprochent des Allemands. Ceux-ci poussent brusquement leurs cris de charge : simple ruse. Le capitaine du 21ᵉ, croyant à une contre-attaque, fait relever ses hommes pour charger à la baïonnette ; geste fatal, qui a pour résultat de faire faucher toute la compagnie par les mitrailleuses et les fusils allemands. Quelques hommes reviennent en rampant jusqu'à nos tranchées, laissant beaucoup des leurs et tous les gradés sur le terrain.

Le capitaine, frappé, l'un des premiers, d'une balle dans la jambe, tombe ; il cherche à se relever et reçoit une nouvelle balle dans la poitrine ; faisant encore un effort pour commander ses hommes, il est achevé par une balle dans la tête.

A la suite de cette attaque manquée a lieu un violent duel d'artillerie.

Nous aidons à évacuer les blessés. Un de mes sapeurs est légèrement touché à la tête par un obus qui lui enlève sa gamelle sur son sac !

Rentrés dans les tranchées, nous devons nous casemater, car les grosses marmites tombent de plus en plus près de nous, et les éclats passent en sifflant au-dessus de notre « château ». Les balles passent serrées. Nos cuisiniers sont obligés de nous servir en rampant. Dans l'après-midi, le calme se rétablit peu à peu. Les obus tombent sur les tranchées et redoublent sur la voie romaine. Dîner dans le « château » à cause des petits shrapnels, dont deux éclatent juste au-dessus de nous ; une de leurs balles vient sans force frapper mon pied qui dépassait un peu le toit. Les sections rentrent tard.

A onze heures arrive l'ordre de partir à trois heures du matin pour une destination inconnue.

II

DANS LE NORD

II

Dans le Nord

1ᵉʳ Octobre. — Réveil à deux heures et demie.
La nuit est très noire et le froid pénétrant. Un
bon café nous réchauffe à peine. A trois heures
nous quittons sans regrets cet endroit inhospita-
lier et dangereux. Nous nous dirigeons vers
Suippes, où nous faisons une longue pose devant
le château jusqu'à onze heures. Nous en profitons
pour faire un court repas composé de filets de
mouton cuits à la baguette et de café. De nombreux aéros français et allemands évoluent au-
dessus de nous, sans songer à se faire réciproque-
ment du mal.

Nous traversons Suippes. Le château est exté-
rieurement intact. La partie sud du village est peu
endommagée. Des maisons et de l'église, situées
dans la partie nord, au contraire, il ne reste que
des ruines. Au milieu de ces ruines, c'est un
grouillement de troupes de toutes les armes et de
convois variés.

Nous prenons la route de Cuperly, encombrée de convois. Nous rencontrons successivement des Latils chargés de gros obus, plusieurs batteries de 155 courts et des autobus. A notre droite, le camp de Châlons, sillonné de colonnes. Toute cette activité nous donne confiance, mais nous laisse rêveurs...

En arrivant à la gare de Cuperly, je rencontre la 1/2 13. Je puis causer un bon moment avec Jacques et les amis. Nous gagnons le village, déjà occupé par la division. De nombreuses maisons sont pillées et brûlées. On nous case dans une maison encore intacte. Il y a une pompe dans la cour. Avec quelle joie nous allons faire notre toilette et nous raser ! Renard apporte des cigarettes. Quel pays de cocagne ! Dîner assez copieux, mais pas de vin. Nous éprouvons un réel plaisir à être assis sur des chaises devant une table pour dîner. Cela ne m'était pas arrivé depuis Droyes.

Le soir je me promène longtemps dans le grand potager en terrasse de notre maison. De là je domine tout le village enfoui dans les arbres. La nuit est belle. Seul le canon au nord-est rappelle la guerre. Nous nous installons, Gautier et moi, sur un lit tellement répugnant que nous le recouvrons d'une épaisse couche de paille. Mais c'est un lit ! Bonne nuit, mais froide.

2 Octobre. — Lever à 6 heures. Déjeuner rapide, puis départ pour la gare où nous devons nous embarquer pour le Nord (Arras, dit-on). Longue pause en avant de la gare. Nous en profitons pour distribuer des tricots à toute la compagnie. Il est temps de penser à l'hiver ! Embarquement avec l'état-major de la division. Le médecin divisionnaire, avec qui je puis m'entretenir un moment, se montre charmant avec moi.

A cause de notre important voisinage nous n'avons qu'un 32/6. Vite une corvée de paille à la meule voisine, et avec une vingtaine de bottes notre wagon devient très confortable. Nos cuisiniers se casent dans un coin avec nos cantines à vivres. Nous nous étendons tous les sept, la tête aux portières, heureux de voir autre chose que la cote 151. Le capitaine est satisfait et déclare n'avoir jamais voyagé de façon aussi confortable ! Il est certain que l'on est mieux que dans notre « château ». Ce qui nous étonne surtout, c'est l'impression de sécurité que nous ne connaissions plus depuis longtemps. Jusqu'à la nuit nous regardons avidement le paysage, fort peu joli cependant. Nous admirons, en passant dessus, les ponts reconstruits par le génie.

Châlons. La gare a repris son aspect normal. Epernay. Nous cherchons en vain, hélas ! à nous procurer un panier de champagne. Nuit. Je me lève à Dormans pour revoir au clair de lune la gare et la forêt de Ris. Dans quel état doit se trouver Cierges ! (1).

A une heure nous descendons à la Plaine-Saint-Denis où nous nous arrêtons le temps de faire boire les chevaux. Je me promène seul sur la voie, profondément triste de me sentir si près de la maison, de mon père, sans pouvoir aller le voir avant de m'éloigner, peut-être pour toujours ! Je ne puis pas même envoyer un mot pour faire connaître mon départ vers le Nord !

3 Octobre. — Réveil à Saint-Just. Léger repas. Amiens. Je n'ai pas le courage d'accompagner L'Hermié et Gautier qui descendent au buffet. Il me semble encore voir Robert à l'enterrement de sa mère, il y a cinq mois à peine. Pauvre ami ! Sa mère a voulu l'avoir auprès d'elle, même après sa mort ! C'est avec soulagement que je m'éloigne de cette ville. Je songe malgré moi au retour. Que de vides auprès de ceux qui reviendront !

Nous longeons la Somme. Tous les ponts sont démolis. A Abbeville, réception charmante qui nous réconforte. Dames de France et civils nous distribuent du café chaud, des tartines (du pain blanc frais !) et des provisions de toute sorte. Nous revivons les premiers jours de la mobilisation. Etrange impression de revoir des femmes

---

(1) Propriété de M. Paul Lecaron, oncle de J. V. de P.

civilisées ! Une Dame de France me remet une pile de vêtements chauds. Je me taille un véritable succès en regagnant le wagon avec mon chargement de lainages aux fraîches couleurs qui évoquent l'idée d'une layette. Mme Cendré (1) ne doit pas être étrangère à cette distribution.

Après Abbeville, c'est dans toutes les gares la même répétition. On nous comble d'objets divers.

L'air fraîchit et devient rapidement un bon vent maritime tout chargé de sel. Qu'il semble agréable, après le temps lourd de la Marne ! Je songe à Dieppe, à mon pauvre Louis (2), de qui la tombe n'est pas loin d'ici. Lui aussi aurait fait son devoir avec ardeur.

Saint-Valéry se voit nettement à notre gauche. A Noyelles on nous comble de pain, de pommes et de journaux. Une charmante Anglaise m'offre, au nom de l'alliance, un paquet de chocolat. J'en suis tout ému. Nous remercions en distribuant de menus trophées, surtout des morceaux de Zeppelin, qui sont accueillis avec joie.

Mêmes réceptions extraordinaires à Rue, Fort-Mahon, Etaples, Boulogne, Wimereux, Calais, Saint-Omer. A Hazebrouck nous dormions : on

---

(1) Cousine de J. V. de P.

(2) Louis de Clercy, ami de J. V. de P., fils du comte de Clercy et petit-fils du général Estancelin.

ouvre de force notre wagon pour nous ravitailler.

A onze heures, réveil brusque par une violente secousse. Nous sommes à Merville, point de débarquement, et notre train vient de tamponner un train de marchandises. Quelques sapeurs sont légèrement blessés.

Longue pause sur le quai de la gare. Nos sapeurs débarquent les fourgons de l'état-major. Je me promène de long en large, rajeuni de deux ans par ce retour dans le Nord, où j'ai fait mon service. Peu après minuit nous quittons Merville et nous gagnons un village où nous sommes bien reçus dans une grande ferme. Je panse un de mes sapeurs qui a eu un doigt coupé en wagon. Puis je me régale de laitage dont nous avions été privés dans la Marne. Nuit courte.

4 Octobre. — Visite longue. Puis nous nous dirigeons vers un beau village où nous sommes admirablement reçus. Quelle joie de trouver des magasins non encore pillés ! Nous faisons de nombreuses emplettes de vivres et de vêtements chauds au *Bon Marché* de l'endroit où nous sommes accueillis de façon charmante. On nous offre du café et on veut nous retenir à déjeuner. Nous nous échappons avec peine et nous rentrons au cantonnement, accompagnés par le fils de la maison, qui porte nos paquets. En souvenir je lui donne un bidon et un morceau de Zeppelin.

Déjeuner rapide, puis nous partons vers Lomme. Le capitaine paraît très préoccupé et l'on ne peut obtenir de lui aucun renseignement.

Nous passons par Sailly-sur-Lys, Fleurbaix. Route pavée, continuellement bordée de maisons. Toute la population est dehors pour nous voir passer et ne sait comment témoigner son enthousiasme. C'est une distribution continuelle de vivres, de boissons et d'objets divers. Au début nous cherchons à maintenir les hommes, mais à la fin nous sommes forcés d'accepter comme eux tout ce qu'on nous offre : café, bière, chocolat, pain, charcuterie, liqueurs, tabac, cigarettes, cigares, blocs de papier à cigarettes, pipes, papier à lettres, crayons, etc. J'entre dans plusieurs pharmacies pour acheter des spécialités. Je suis reçu par des pharmaciennes qui remplissent mes musettes de produits pour mes blessés et ne veulent accepter aucun argent.

L'accueil est de plus en plus chaud à mesure que nous approchons d'Armentières. C'est entre une double haie ininterrompue de civils les bras chargés d'objets à distribuer que nous continuons notre route. A Fleurbaix je suis arrêté par Lelong, qui m'entraîne prendre une tasse de café avec l'état-major de la 1/2 13. Dans le village je rencontre successivement tous mes vieux amis à qui je ne puis dire, malheureusement, qu'un rapide bonjour.

4

A Armentières la population est si enthousiaste qu'un service d'ordre devient nécessaire pour nous frayer un passage. On sent que la population attendait avec impatience des troupes, car l'ennemi n'est pas loin.

Avec la nuit l'enthousiasme se calme. Les hommes s'aperçoivent alors que depuis le matin nous marchons sur les gros pavés du Nord. Trente kilomètres parcourus ainsi nous ont brisé les jambes. Encore quelques kilomètres très pénibles à parcourir avant d'arriver à Lomme, où nous devons cantonner. Il y a beaucoup de traînards ; je suis forcé de les exhorter, quoique moi-même je traîne un peu la jambe et que j'aie forte envie de monter en voiture.

Enfin nous arrivons à Lomme. Ce n'est pas sans un petit mouvement de découragement que nous apprenons là que nous avons juste le temps de casser la croûte avant d'aller prendre position en avant de Lille ! Je fais préparer en hâte notre popote dans un estaminet. Dîner égayé par un bon petit vin, mais surtout par l'ordre de cantonner à Lomme. Billet de logement chez le curé. Réception touchante. Bonne conversation. Ce brave curé me promet de faire tout son possible pour faire parvenir une lettre à ma mère. Avant de monter, nous dégustons une bouteille de vieux Bordeaux, pendant que — oh ! joie ! — on me prépare un tub. Bon lit, qui me donne une impression première agréable, mais éloigne de moi tout sommeil. J'ai envie de me coucher par terre...

5 Octobre. — Réveil tardif. Toilette !

La sœur de M. le curé m'a fait préparer un petit déjeuner plus que copieux.

Visite. L'état des hommes est extraordinaire, étant donné la marche de la veille. Rassemblement tardif. Nous partons à 10 heures dans la direction de Loos. Courte marche entre des maisons et des murs d'usine. Halte dans la grande rue de Loos. Immédiatement nous sommes entourés et ravitaillés par la population, qui est moins dense et moins nombreuse qu'hier. On sent l'approche de l'ennemi. Plusieurs fils d'industriels et des sœurs viennent distribuer des effets chauds aux hommes. Je me ravitaille de nouveau gratuitement dans plusieurs pharmacies. Peu après, M. Thiriez, dont le père possède une des plus grandes filatures de Loos, vient nous proposer de faire faire chez lui la soupe pour toute la compagnie et nous invite à déjeuner. Réception charmante. Très bon déjeuner. Qu'il est étrange de prendre un repas sur une table bien servie !

Départ rapide vers une ferme située en avant de Loos, dans la direction de Ronchin. Les sections se dispersent pour aller faire des tranchées. Je gagne le sommet d'un monticule qui se trouve en avant de nous, d'où je découvre assez bien le pays. L'action semble peu vive et décousue. Cependant deux batteries tirent en arrière d'un groupe de maisons, à la gauche de Ronchin. Une autre batterie, placée derrière notre ferme, tire par-dessus nous. Il est difficile de comprendre quelque chose ; nous n'aurions, paraît-il, devant nous, que de la cavalerie. Deux compagnies de territoriaux ne peuvent me renseigner. Comme troupes, rien que des vieux. A la jumelle on ne découvre dans toute la plaine que des goumiers et des civils, ces derniers fuyant dans tous les sens, au risque de se faire descendre par les balles qui sifflent partout sans qu'on puisse savoir d'où elles viennent.

Vers le soir des goumiers nous rejoignent. Je puis m'entretenir un moment avec eux ; nous parlons petit nègre, mais nous comprenons que nos sentiments sont les mêmes. Leur brillant costume et leurs jolis petits chevaux blancs produisent une impression étrange dans cette triste plaine du Nord, par un temps sombre et froid.

L'ensemble de la journée est pénible. Nous ne savons rien de Lille, rien du combat, et pour la première fois dans la région nous avons vu ces bandes lugubres de civils. La nuit venue, le canon, qui s'était éloigné, cesse. Une batterie vient cantonner contre notre ferme. Les sections ne rentrant pas, je fais préparer le dîner dans la grande cuisine de la ferme. Dîner rapide, sans les chefs de section. Aussitôt après, j'accompagne un malade à Loos et de là à Haubourdin, où se trouve le dépôt d'éclopés. Un gendarme me sert de pilote dans cette dernière ville. Je reviens seul vers Loos. Retour triste et dangereux, car les patrouilles de territoriaux tirent un peu trop au hasard. Une balle allemande passe. Je rentre sans encombre à la ferme, après avoir été mis en joue plusieurs fois. La maison me semble abandonnée par ses habitants. Tous les lits étant vides, je me couche dans l'un d'eux. A une heure je suis réveillé en sursaut par le capitaine. Je m'habille à demi endormi et nous partons. Courte pause à Loos. Il fait très froid. Je suis courbatu en diable et toujours endormi. Un bon café me réveille à peine. Les sections nous rejoignent. Les officiers et les hommes qui ont travaillé toute la journée sont éreintés. Gautier vient s'appuyer contre le mur à côté de moi et nous nous endormons ainsi debout.

Brusque réveil et nous partons vers Haubourdin et Lens en marche forcée. Chose étrange, nous tournons le dos à l'ennemi que nous avons battu aujourd'hui. Marche très pénible sur de gros pavés. Les hommes, esquintés, se laissent tomber le long de la route. Il faut en relever tous les cinquante mètres et, coûte que coûte, leur faire rejoindre la route, car les ordres sont très sévères. Mes brancardiers, à bout de forces, ne peuvent m'aider. Gény et le capitaine poussent les plus récalcitrants avec leurs chevaux.

6 Octobre. — Au bout de quelques heures de cette marche lugubre et démoralisante, le jour apparaît. Mais, comme il s'accompagne d'une pluie fine et glaciale, il n'est d'aucun réconfort moral. Je suis éreinté et transi de froid. Nous avons renoncé à faire suivre les hommes, car nous n'avons pas de voitures, et ils s'effondrent maintenant par groupes dans les fossés de la route. Ils ne sont pas seuls, car les hommes du 21 qui nous précèdent font de même. Le pays que nous traversons est navrant. De chaque côté de la route plantée d'arbres s'étendent à perte de vue des champs de betteraves. De temps à autre, des puits de mines dont les bâtiments noirs s'estompent dans la brume. Nous traversons deux ou trois petits villages de mineurs. Dans l'un d'eux je découvre une dernière tablette de chocolat et un peu de pain qui sont les bienvenus. Vers dix heures, nous traversons le canal près de la Bassée. La passerelle est gardée par deux sections qui ont eu à repousser plusieurs patrouilles allemandes dans la nuit. Nous arrivons dans un village fouillé par des patrouilles, où nous nous occupons du déjeuner. Sur place, peu de ressources. Tous les habitants sont partis, laissant leurs maisons fermées, et, comme les Allemands n'y sont venus qu'en patrouilles, rien n'a été pillé. Nous nous installons dans un estaminet encore ouvert, où une pauvre vieille femme folle a été abandonnée par ses enfants. Notre fatigue est telle qu'en attendant le déjeuner, nous nous endormons tous, sur la table. Réveillés par Denizet, qui nous sert, nous mangeons du bout des lèvres, puis nous repartons vers Loos-les-Lens, qui doit être occupé aujourd'hui par le 109ᵉ.

Il fait toujours le même temps gris, et une pluie fine, chassée par un vent froid, se charge de nous rafraîchir. La campagne est toujours lugubre. Elle se distingue de celle que nous avons parcourue ce matin par une plus grande quantité de puits, car nous sommes en pleine région minière de Lens. Nous approchons des lignes de contact.

Depuis une heure, quelques obus allemands viennent éclater sur notre gauche. Deux batteries de 75 commencent à répondre. Nous nous trouvons dans une plaine s'inclinant en pente douce vers le village d'Hulluch, situé dans un bas-fond. A notre droite, la Bassée et la route de Lens. A notre gauche, un puits de mine en feu, d'où s'échappe une épaisse colonne de flammes et de fumée noire. Devant nous, un petit bois dans lequel de temps à autre éclate une vive fusillade. En avant et à droite de ce bois, le village d'Hulluch vers lequel nous nous dirigeons.

L'action semble surtout vive au niveau de la route de Lens à la Bassée, sur laquelle les Allemands envoient une pluie de percutants et de schrapnels. J'ai beau fouiller à la jumelle de ce côté, je ne découvre que quelques patrouilles de pantalons rouges qui traversent la route, malgré l'effet terrifiant des percutants éclatant sur les pavés. Nous attendons des ordres, cachés derrière des meules, à l'entrée d'Hulluch. Nos troupes doivent avancer, car les batteries placées en arrière de nous viennent prendre position près de nous à la droite du village et derrière le parc du château. Vers deux heures, nous recevons l'ordre d'occuper Hulluch et, si possible, d'envoyer à la nuit une ou deux sections vers Loos. Nous pénétrons dans le village au moment où les Allemands commencent à chercher nos deux batteries placées en arrière. Leur tir trop court donne en plein dans le village. Fort heureusement pour nous, ce sont seulement des schrapnels qui font voler les tuiles des toits sans nous faire aucun mal. Nous gagnons, en nous défilant, les dernières maisons du village. L'Hermié, Gautier et moi nous rampons jusqu'à une meule d'où nous pouvons découvrir la plaine de Loos.

Le spectacle est intéressant, car nous voyons une partie de la ligne de feu. La zone d'éclatement des obus indique l'emplacement des troupes. Nos obus vont éclater à hauteur de Loos, village situé dans le prolongement du vallonnement d'Hulluch, au pied de la colline qui ferme l'horizon en avant de nous. De là, la ligne de feu remonte sur la hauteur qui nous domine à gauche. Les obus allemands partent de cette hauteur et viennent éclater en avant et en arrière de notre village.

Les balles sifflant au-dessus de nous, nous nous glissons dans le fossé de la route pour rentrer au village. Les schrapnels éclatent de temps à autre au-dessus de nous. Des éclats et des fragments de toits tombant continuellement dans la rue où nous sommes, nous nous couchons le long des murs après avoir abrité les voitures sous un hangar.

Pas d'habitants. Entendant du bruit dans une maison, j'entre par curiosité et je me trouve en présence d'une bande d'enfants qui veulent à tout prix sortir pour voir la bataille !... C'est avec peine que leur mère et leur grande sœur les repoussent dans la cave. Ces braves gens (une famille de mineurs) sont fort peu rassurés d'être sous les obus, ce qui ne les empêche pas de m'offrir gentiment l'hospitalité, que j'accepte, car j'ai quelques pansements à faire et mes notes à rédiger. Apprenant que je suis médecin, la mère en profite aussitôt pour me faire examiner sa fille aînée enceinte et la plus jeune qui tousse.. La consultation terminée, je suis forcé d'accepter à goûter, puis je vais faire un tour dans le village. Le bombardement diminuant avec la nuit, je puis examiner les dégâts, qui sont minimes, sauf dans le parc du château. Presque toutes les maisons sont abandonnées, sauf les grandes fermes et les estaminets.

La nuit tombée, la compagnie gagne les meules placées en avant d'Hulluch et s'abrite derrière elles. Je la rejoins avec le dîner que j'ai fait préparer dans une grande ferme. Nous mangeons gaiement, couchés derrière la meule, pendant qu'une pièce de 75, cachée dans le village, nous assourdit de son tir intermittent. De temps en temps, un obus éclate dans la plaine et jette une lueur rouge. Rentrés à la ferme, nous bavardons un moment avec le fermier. Celui-ci, ancien cuirassier, se vante de hauts faits d'armes accomplis pendant son service, mais disparaît en vitesse dans sa cave dès qu'un obus passe au-dessus de la maison.

Pendant la nuit, nous nous étendons dans une grange, quoique des lits nous soient offerts, car une alerte est fort possible. Nuit calme, mais froide. A une heure, les sections reviennent. Les premières maisons de Loos sont à nous, mais il n'est pas encore possible d'y travailler.

7 Octobre. — Matinée calme. Quelques obus. Je suis forcé de faire évacuer deux malades sérieux. Déjeuner agréable dans la salle à manger de la ferme, malgré de nouvelles salves d'obus tirées sur le village. Deux sections vont au travail.

Notre séjour ici paraissant devoir se prolonger, nous décidons d'aller cantonner dans une des grandes maisons abandonnées du village. Nous choisissons l'une d'elles dont les portes sont déjà fracturées. La maison a été visitée et tout s'y trouve dans un désordre parfait. Elle présente, malgré tout, pour nous, un réel confort. Il y a encore de nombreuses provisions que nous respectons dans la mesure du possible. Nous dînons à la ferme ; puis, les ordonnances nous ayant préparé des lits avec de beaux draps blancs, nous nous couchons avec délices. Gautier et moi nous occupons une chambre dont les fenêtres donnent sur les lignes ennemies. On peut craindre une alerte, mais nous n'avons pu résister au plaisir de nous déshabiller. En campagne, la mort possible s'oublie vite devant un bon plat ou dans un bon lit.

8 Octobre. — Réveil tardif à six heures. Gautier et L'Hermié partent avec deux sections pour fortifier Loos. Geny reste à Hulluch pour faire faire quelques tranchées en avant du village. Visite rapide. Popote. Grâce à un bon poulet et à quelques bouteilles de vieux vin j'espère réussir le déjeuner. Le capitaine sera heureux et nous le serons aussi. Après tout nous ne savons pas ce que demain nous réserve et nous aurions bien tort de ne pas profiter d'une bonne occasion. Je visite à fond la maison, qui a été pillée. Je ne trouve qu'un sac de cent kilos de sucre : Je ne réquisitionne pas. Dans le jardin je ne résiste pas à la tentation de manger quelques bonnes poires.

Vers onze heures, nous entendons, du côté de Loos, une violente canonnade qui nous inquiète, car elle doit coïncider avec l'arrivée de nos sections. Je suis très anxieux, car en partant L'Hermié a fait un geste vague qui m'en disait long... Nous nous mettons à table peu nombreux. Le bon menu ne parvient pas à dissiper notre inquiétude.

A peine sommes-nous sortis de table qu'on vient me chercher pour des blessés qu'on ramène de Loos. D'autres, plus touchés, sont restés là-bas. J'envoie les brancardiers qui me restent avec des voitures pour tâcher de les ramener. J'ai du travail toute la journée, car on se bat sur les hauteurs qui dominent le village en avant et à gauche. Je dirige sur la fosse 5, où est l'ambulance, les blessés du 158 et du 109 qui reviennent assez nombreux. Cinq de mes sapeurs sont blessés par éclats d'obus, un a été tué par un des premiers obus ; mais il doit y en avoir d'autres, car les 105 s'acharnent sur les premières maisons de Loos, où nos hommes sont réfugiés.

A la nuit tombante je vais voir moi-même ce qu'il en est. Je pars avec un infirmier et deux sapeurs qui portent le dîner des lieutenants. Il nous faut traverser la plaine de Loos, qui est sous le feu des batteries de 105. Nous nous défilons avec précaution et rapidité dans les champs de betteraves, évitant tant bien que mal les cadavres assez nombreux. La nuit est venue, nous nous guidons grâce à la lune et aussi à l'incendie d'une quinzaine de meules qui brûlent en avant de Loos. Ces feux nous servent aussi de points de repère pour atteindre la partie de Loos occupée par nous.

Sur notre route nous reconnaissons avec peine les corps des sapeurs tués dans l'après-midi. Il est même impossible d'établir l'identité de l'un d'eux qui a été littéralement broyé par un percutant. Il ne reste qu'un pied dans une chaussure et un lambeau de muscle recouvert d'étoffe roussie.

Nous gagnons le village. Je rejoins L'Hermié et Gautier dont les sections travaillent à quelques mètres des Allemands. Une rue transversale nous sépare seule des Boches, qui, eux aussi, se fortifient. De minute en minute un coup de fusil éclate ou une mitrailleuse sème quelques balles. Nous n'avons qu'un blessé. Pour l'emmener il faut prendre beaucoup de précautions et se défiler sans bruit le long des pans de murs, car grâce aux incendies allumés un peu partout on voit clair comme en plein jour au milieu de ces ruines.

Nous restons encore une heure et demie dans cet enfer, puis nous rentrons à Hulluch en faisant un grand détour par la route de Vermelles. Chemin faisant, j'apprends que la compagnie a été repérée le matin en allant à Loos, ce qui lui a valu une terrible dégelée de 105. Elle a reçu dans la plaine et dans les premières maisons de Loos quatre salves de cent soixante obus. Les pertes sont relativement minimes chez nous : deux tués, sept blessés. Ce qui nous a tous frappés, c'est le courage des habitants. Plusieurs ont été tués dans la plaine. Un vieux ménage, dans le village, ne pense qu'à balayer les éclats de vitre et les platras qui salissent la maison à moitié démolie, sans se préoccuper des obus.

Le capitaine a déménagé pendant notre absence. Nous occupons maintenant une petite maison route de Vermelles. Casse-croûte rapide. Nuit bonne, mais courte.

9 Octobre. — Réveil glacial et triste à trois heu-res. La situation est grave, nous allons nous replier sur Vermelles. A demi endormi, je grimpe avec Desmarquets sur le chariot de parc. Enveloppés tous deux dans une maigre couverture, nous gre-lottons. Le jour n'est pas levé et il fait froid, humide et triste. Je ne me souviens pas d'avoir eu jamais aussi froid. Sur la route, de nombreux cadavres. Nous arrivons transis à Vermelles.

A notre grand étonnement, nous trouvons une ville aussi calme que si l'ennemi était loin. Une brave femme qui a son mari et son fils au feu fait sécher nos vêtements et nous offre du café. Nous cantonnons dans une ferme. Le fermier a la bonne idée de nous faire faire un bon chocolat. Quel luxe ! Je me promène ensuite dans Vermelles pour me ravitailler en linge et en chocolat. Pendant ce temps Desmarquets nous a préparé un déjeuner d'œufs et de laitage. Nous nous régalons rapidement.

La compagnie ne nous ayant pas encore rejoints, je décide de retourner à Hulluch pour voir si l'on n'a pas besoin de moi, car je prévois « un coup de chien ». Je réquisitionne une bicyclette et je reprends le chemin du matin. A mesure que je m'éloigne de Vermelles, la route devient de plus en plus silencieuse et déserte. Le silence est même si complet, lorsque j'approche d'Hulluch, que je me demande si le village est encore occupé par nous.

J'y pénètre facilement, les issues n'étant pas gardées, et je regagne notre maison. Je n'y trouve que nos cuisiniers, qui, bien tranquillement, font cuire notre popote. Je reste un moment avec eux pour cueillir des fruits dans le jardin. Je rencontre peu après Faure, qui me met au courant de la situation. Notre village est mal placé, en contrebas, mais malgré cela l'ordre est arrivé de le fortifier sur trois faces ; c'est pourquoi la compagnie ne s'est pas repliée sur Vermelles avec le train.

Nous visitons les travaux de défense. En arrière du village, trois batteries de 75. En avant et sur la face gauche, de nombreuses tranchées occupées par des sections du 158 et du 109 et par un escadron de chasseurs d'Afrique. Le tout soutenu par des mitrailleuses. Nous rencontrons le capitaine Vergniaud et le commandant des chasseurs d'Afrique. Ensemble, nous nous promenons en avant de la ligne de tranchées, c'est-à-dire à découvert, sans essuyer un coup de feu. La plaine en avant de nous est calme ; seuls nos petits postes émergent de terre. Malgré cela la situation est mauvaise. Un bataillon ennemi aurait déjà occupé Vingle et commencerait à tourner notre gauche.

Nous rentrons dîner à la hâte, car les sections doivent encore fortifier la gauche du village pour s'opposer, si possible, au mouvement tournant. Dîner peu animé. Le capitaine nous annonce qu'il a reçu l'ordre de tenir, coûte que coûte, quarante-huit heures ! Les sapeurs, leur travail terminé, vont, eux aussi, occuper les tranchées.

J'avais l'intention de rentrer à Vermelles, mais, voyant la situation, je prévois du travail pour la nuit ; aussi j'installe mon poste de secours dans notre maison. Je renvoie ma bicyclette par le fourgon de ravitaillement. N'entendant rien, je vais dormir un moment au poste. Je suis réveillé par une vive fusillade sur notre gauche. Le capitaine fait évacuer la voiture à outils ainsi que les ordonnances avec les chevaux.

Décidément, cela ne va pas ! Je gagne les tranchées pour m'assurer que mes brancardiers sont à leur poste. Puis je vais à l'autre bout du village prévenir mes hôtes du « coup de chien » probable. A ce moment les balles commencent à siffler et à ricocher sur les maisons. L'action est plus vive sur notre gauche où tombent quelques obus. Rentré au poste de secours, je me repose un moment, car je suis repris d'une crise d'entérite ; mais bientôt il faut que je m'occupe de plusieurs blessés, car je suis le seul médecin resté dans le village.

Vers minuit accalmie. Le silence complet est plus inquiétant que la fusillade de tout à l'heure. J'envoie un brancardier aux tranchées pour voir s'il n'y a pas de blessés nouveaux. Je reste encore longtemps dans mon poste. La fusillade a repris moins vive, mais sur les quatre faces du village. Des balles arrivent par les deux rues qui se croisent devant notre maison. D'autres arrivent derrière par le jardin. C'est à n'y rien comprendre ; nous ne devons pas encore être tournés !

Le capitaine passe, l'air très inquiet. Il répond évasivement à mes questions. Un chasseur à cheval, blessé à la jambe, vient se faire panser. Les cuisiniers, restés avec moi, vont tâcher de gagner Vermelles. Je reste seul, mon brancardier n'étant pas revenu des tranchées. Après un long moment d'attente, je remonte la rue pour avoir des nouvelles auprès de Gautier, dont la section doit garder cette issue du village. Les sapeurs se sont fortifiés dans la dernière maison, qui commande la route de Vermelles et d'où l'on peut observer la plaine à droite et à gauche, ainsi que la route de Lens à la Bassée, qui passe transversalement à deux cents mètres en avant de nous. Il fait nuit noire dans la maison ; c'est à tâtons que je monte un raide escalier pour rejoindre Gautier au premier étage. C'est à peine si l'on devine les hommes en observation aux fenêtres et aux meurtrières. Je pense à la maison des dernières cartouches, que celle-ci rappelle singulièrement, et je songe aussi un peu au sort qui nous attend... De temps à autre, Gautier envoie une patrouille explorer la plaine... Brisé par la fatigue, je m'endors.

10 Octobre. — Je me repose à peine depuis une demi-heure que Gény arrive avec ses hommes et nous dit : « Replions-nous vite, les Allemands occupent déjà une partie du village, et... »

Nous nous défilons rapidement dans le chemin creux qui longe le moulin. A notre gauche on distingue vaguement, dans le brouillard épais, une troupe assez importante, qui marche à notre hauteur. Ce doit être le 158 qui se replie comme nous. Au croisement de la route de Lens, L'Hermié, qui nous a rejoints et qui commande la compagnie en l'absence du capitaine, ordonne un rassemblement par quatre. A peine le mouvement est-il commencé qu'un groupe important d'Allemands (ceux que nous avions pris pour le 158) débouche à trente mètres de nous, à gauche de la ferme, et nous charge aussitôt en poussant des cris sinistres et en tirant.

Toute la compagnie surprise s'égrène sur la route de Vermelles et dans les champs à gauche. Au moment où nous parvenons sur la route, une autre troupe d'Allemands débouche derrière nous de la grande rue du village et ouvre sur nous un feu tel que Gautier me pousse vers les champs de gauche pour nous abriter derrière un groupe de meules et d'arbres. En sautant dans le champ, je ne vois pas un petit fossé caché par le brouillard, je bute et pique une tête dedans. Un homme tombe par-dessus moi. Quoique très étourdi par le choc sur la tête, je cherche à me relever le plus vite possible. A ce moment je reçois sur la tête un violent coup de crosse qui m'étend à nouveau dans le fossé. A demi conscient, je cherche encore à me traîner jusqu'à une meule toute proche, car les balles arrivent dru de gauche. A ce moment j'entends distinctement à ma gauche ces mots : « Das Schwein lebt noch », et j'essuie de tout près un coup de feu qui m'enlève mon képi. Deux autres coups suivent, venant de plus loin. Me sentant bien touché, le sang me coulant sur la figure, je perds connaissance... Au petit jour, un sous-officier allemand et un infirmier me secouent pour savoir si je suis encore vivant. Ils m'aident à me relever, et ce n'est qu'après un rapide examen de moi-même que je me rends compte que ma blessure est insignifiante. Mais je suis prisonnier et sérieusement abruti... L'infirmier français du 21 qui m'a ramassé et qui avait vu tirer sur moi, de la meule où il était caché, m'a avoué que c'était par acquit de conscience qu'il s'était approché de moi, car il me croyait bien mort.

III

A DARMSTADT

III

A DARMSTADT

Blessé et fait prisonnier, Jacques VILLETARD DE PRUNIÈRES fut envoyé au camp de Darmstadt, où étaient internés un grand nombre de Français, militaires et civils, et où il fut retenu pendant neuf mois.

Adjoint au médecin allemand, chef de service, il fut spécialement chargé des soins à donner aux malades contagieux...

En juillet 1915, il fut enfin rendu à la France, en même temps que de nombreux médecins, et rapatrié par la Suisse.

La lettre suivante, écrite par lui à un de ses cousins, M. Marcel Arrault, donne des détails sur son existence au camp de Darmstadt :

« 29 Août 1915.

« Mon cher Marcel,

« Oui, me voici en France, et il m'a fallu longtemps pour le croire. J'ai été si étonné et étourdi par ce retour que pendant les premières semaines je n'ai pas joui de mon bonheur comme je l'aurais dû.

« J'avais fermement espéré être échangé au début de ma captivité, mais à la longue j'avais perdu tout espoir, et à force de voir mourir autour de moi, je me demandais si je n'y laisserais pas aussi ma peau. Mourir à petit feu dans une boîte allemande n'a rien de réjouissant.

« Enfin c'est fini. J'en suis sorti intact, seulement très déprimé par le manque de nourriture et la réclusion absolue.

« La nourriture allemande était à peu près immangeable. J'ai vécu avec le contenu de mes colis et les pommes de terre que mes infirmiers volaient aux Boches.

« Comme exercice, je pouvais aller de ma chambre à mes trois salles et faire le tour de l'hôpital dans un couloir extérieur large de trois mètres et compris entre les bâtiments et une palissade de trois mètres de haut.

« A part cela, pas de mauvais traitements.

« A l'hôpital, aucun camarade. A peine me laissait-on voir l'aumônier français et les officiers blessés. Le personnel allemand, sachant très peu le français, se servait de moi comme interprète médical.

« Tu peux ainsi te rendre compte de ma charmante villégiature à Darmstadt.

« Mon opinion sur les événements différait en

réalité très peu de la vôtre, car je pouvais lire tous les jours les trois éditions du *Journal de Francfort*, auquel nous pouvions nous abonner. Dans ce journal, nous trouvions intégralement les communiqués français, anglais, russes, etc., ce qui nous permettait de remettre au point bien des questions « pangermanisées » dans les articles de fond.

« Mes fenêtres donnant sur un camp d'instruction, j'ai pu assister à la formation de troupes d'armes très variées, depuis l'infanterie jusqu'aux aviateurs. Il faut avouer que ces gens-là donnent une impression de force et d'organisation militaire « kolossales ». Je ne sais où ils vont chercher des hommes, mais plus on en tue, plus il y en a. Le 12 juillet, leurs plus jeunes hommes (excepté les engagés, rares maintenant) étaient de la classe 15. Toutes les semaines il partait de Darmstadt la valeur d'un bataillon, dont les hommes n'avaient pas plus de six semaines d'instruction.

« Malgré cela, l'impression générale est bonne pour nous. Tous les Allemands, depuis l'Empereur jusqu'au plus modeste casque à pointe, répètent sur tous les tons qu'il ne faut pas et qu'ils ne veulent pas de campagne d'hiver. Et pour cela je crois qu'ils ont de sérieuses raisons.

« En partant, nous avons traversé un pays mort, de Darmstadt à Constance. Personne dans les gares. Trains de soldats seulement. Deux trains de marchandises pendant dix-huit heures de trajet. Presque toutes les usines fermées. Dans la campagne déserte, des champs de pommes de terre à perte de vue.

« Tu vois qu'il n'y a pas lieu de désespérer. Mais je crois qu'il nous faudra beaucoup de patience.

« Tu as dû lire dans les journaux la réception magnifique que les braves Suisses nous ont ménagée. Je renonce à te la décrire. C'était à croire que nous étions des héros !

« J'ai été bien peiné d'apprendre la mort de tes amis. Hélas ! moi aussi, j'ai perdu les meilleurs des miens. Il y a déjà un an que Robert est tombé au Donon, sans que nous ayons rien pu faire pour lui...

« Enfin le résultat favorable pour notre pauvre pays doit seul compter ! »

Réintégré comme médecin auxiliaire au 11ᵉ régiment du génie, Jacques VILLETARD DE PRUNIÈRES fut d'abord attaché à un hôpital militaire près d'Epinal. Puis, ayant demandé à retourner sur le front, il fut envoyé au 169ᵉ régiment d'infanterie, en ligne d'abord près des Eparges, puis, en décembre 1916, aux Chambrettes, en avant de Verdun.

IV

A VERDUN

IV

A Verdun

Près des Chambrettes, Jacques VILLETARD DE
PRUNIÈRES, resté seul médecin de son bataillon,
et absorbé par les soins à donner aux blessés sous
le feu de l'ennemi, ne put écrire que les pages
suivantes de son journal :

La nuit a été dure, très dure; le bombardement
n'a pas cessé. Outre les blessés du bataillon, j'ai
dû évacuer ceux des zouaves, dont le service de
santé est anéanti.

Nuit agitée dans le P. C. (1) du commandant
Jacquot. Incessant va-et-vient de coureurs et de
blessés. Un peu avant le jour, le commandant et
ses hommes s'en vont, la relève terminée. Mes
brancardiers, qui ont porté aux carrières d'Hau-
dromont le dernier blessé, ne sont pas revenus. Je
reste seul dans l'abri, vieil abri français d'avant
l'attaque, qui a résisté à tous les bombardements.

____

(1) Poste de commandement.

Appuyé sur des sacs à terre près de l'entrée, j'attends le jour et peut-être quelqu'un, car la solitude me pèse dans ce trou qui sent la boue et le sang.

Encore quelques obus, quelques coups de fusil. De temps à autre le crépitement d'une mitrailleuse. On sent venir l'accalmie du matin, lorsque l'artilleur est fatigué et que le fantassin, confiant dans le jour, s'assoupit.

Le ciel s'éclaire d'une lueur blafarde, juste devant l'abri. Le terrain se précise : grande pente de 378, puis éperon du bois Chauffour, après lequel s'aperçoit la cote du Hély, dominée à gauche par une crête élevée qui me semble énorme parce que juste à son sommet apparaît le soleil tout rouge. Cette crête, c'est Douaumont, et ce tas de pierres qui se détache en ombres noires sur le soleil levant, c'est le fort !

Je l'avais vue, la veille, de Thiaumont, cette « pierre angulaire de Verdun », sur laquelle le monde entier a les yeux fixés depuis février, mais l'impression n'avait pas été aussi forte qu'elle l'est ce matin.

Sont-ce les fatigues et les dangers de la veille et de la nuit ? Est-ce la solitude dans ce terrain bouleversé, lunaire, parsemé de cadavres ? Est-ce cette odeur toute spéciale d'humide pourriture que je n'ai sentie nulle part ailleurs ? Je ne sais, mais je suis ému, très ému en présence de ce lever de soleil derrière Douaumont, un lendemain d'attaque, dans la solitude macabre de ce champ de bataille ! La tête dans les mains, je prie... Pour qui, pour quoi ? Je ne sais, mais je ne puis que prier !

Le jour met en évidence l'horreur de ce lieu. Près de l'entrée, des cadavres en kaki, en horizon, en feldgrau ; blessés morts dans le poste de secours, hier et cette nuit. Partout un bouleversement sans nom de terre, d'arbres, d'obus, de canons ; de nombreux cadavres, et cela aussi loin qu'on peut suivre les ondulations du terrain très accidenté.

Trois tirailleurs me demandent la direction de Verdun. Pauvres loques humaines couvertes de boue, ils traînent sur cette terre glacée leurs pieds déchaussés, tuméfiés, violacés, déjà grisâtres. « A pieds gelés, pauvre tirailleur ! » me dit l'un d'eux, qui marche péniblement avec deux cannes. Ils descendent la pente lentement, en contre-lumière de ce soleil pâle de décembre qui ressemble si peu à celui de leur pays !

Je rentre dans l'abri, mais je n'y puis rester ; l'odeur est intenable de tous ces pansements imbibés de sang qui trempent dans la boue du sol. Dans le fond, un zouave mort me regarde de ses grands yeux vitreux, la bouche encore tordue par la douleur, montrant ses plaies béantes à peine cachées par les pansements inachevés.

Un appel du téléphone. C'est le lieutenant Glodel qui veut savoir si je suis encore de ce monde. Il a su, par le capitaine Blin, que j'étais à côté du commandant Jacquot lorsque le commandant a été touché et que j'ai été renversé par un obus en même temps que le médecin des zouaves. Petite conversation. Je puis redescendre à la Goulette et rejoindre le poste de secours où se trouvent le docteur Baudoin et les infirmiers. Ouf !

Quelques jours après avoir écrit ces lignes, Jacques VILLETARD DE PRUNIÈRES écrivait à ses parents :

« J'ai sauvé en justesse mes pieds d'une gelure complète, ce qui eût été très ennuyeux. Le temps froid et sec est maintenant préférable pour nous à la boue inqualifiable dans laquelle nous pataugions. »

Autre lettre :

« Ma seule préoccupation est d'être à la hauteur de ma tâche, qui est, cette fois, très lourde. Je suis seul pour tout un bataillon.

« J'ai heureusement un personnel hors ligne, surtout les brancardiers. Trois d'entre eux et mon ordonnance ont reçu la croix de guerre à côté de moi l'autre jour, et tous trois avec des citations admirables. C'est très rassurant. »

Autre lettre :

« Je suis un peu plus à l'abri depuis hier, le médecin chef m'ayant appelé à son poste de secours. Ce n'est pas encore le rêve, mais c'est beaucoup mieux.

« Nous avons un travail sérieux, mais je puis me tenir debout et — ô bonheur ! — j'ai pu me laver les mains et me débarbouiller, ce qui ne m'était pas arrivé depuis le 17. J'étais couvert de boue et de sang, avec quelques taches d'huile dues aux sardines, fond de notre alimentation.

« Je puis maintenant résister encore quelque temps, ayant pu dormir la nuit dernière et prendre un peu de repos.

« J'ai eu le chagrin de perdre les meilleurs de mes brancardiers et infirmiers. C'est dur, car ils sont admirables. Vous ne pouvez pas, à l'arrière, vous imaginer le dévouement et l'oubli absolu d'eux-mêmes de ces braves gens. Cela console de voir d'aussi beaux actes au milieu d'événements aussi tristes.

« Quand je songe qu'il y a des embusqués qui portent la même croix de guerre que ces gens-là !

« C'est fou de voir le calme et le sang-froid de ces hommes portant leurs blessés de trou d'obus en trou d'obus sous les bombardements que nous recevons, en ne pensant qu'à sauver ceux dont ils ont la charge ! — Enfin, c'est la guerre. »

Autre lettre, du 9 janvier 1917 :

« Je puis maintenant vous renseigner un peu mieux sur la triste vie que je viens de mener.

« Montés en ligne le 17 décembre, nous sommes restés dans un lac de boue de dix kilomètres de longueur jusqu'au 4 janvier. Cela vous dira assez ce que nous avons souffert. Etant soutiens d'attaque, nous avons relevé les zouaves dans la région des Chambrettes, entre la côte du Poivre et Douaumont. Abrités dans les anciennes sapes allemandes, nous y avons vécu des heures inoubliables dans l'eau et dans la boue, bombardés sans cesse nuit et jour. Je ne sais comment je suis encore vivant. Jamais depuis Hulluch je n'avais vu la mort d'aussi près. Il est vrai que là-haut c'est plutôt une délivrance qu'une perspective effrayante.

« Songez que, de mon poste de secours, pour gagner un boyau il me fallait faire deux kilomètres en terrain découvert, n'ayant pour tout abri que les trous d'obus, remplis de boue. Vous voyez ce que pouvait être l'évacuation des blessés dans un terrain semblable ! Et cependant nous n'en avons pas abandonné un seul. C'est une consolation. Mes brancardiers ont été au-dessus de tout éloge et m'ont valu des félicitations d'officiers de zouaves. Et pour que des zouaves félicitent de vulgaires « bitoux » !...

« Vous avez dû voir que nous avons eu l'honneur du Communiqué pour le coup de main boche sur les Chambrettes, il y a quelques jours. C'était mon bataillon. J'ai même bien cru que pour mes étrennes les Boches allaient de nouveau m'entraîner en Bochie !

« Nous sommes au repos dans un petit pays triste, humide et froid. »

V

EN CHAMPAGNE

V

En Champagne

15 Avril 1917. — Au repos depuis deux jours, nous apprenons brusquement que nous sommes désignés comme troupes de poursuite et que nous devons entrer en action aussitôt la rupture faite.

Notre objectif est Warmeriville, au bord de la Suippe. Il nous faut, le soir de l'attaque, passer entre le Cornillet et le mont Blond et pousser en avant entre le mont Aigu et Nogent-l'Abbesse, vers Nauroy et la Suippe. Nogent-l'Abbesse ne doit pas être attaqué de front, mais écrasé par l'artillerie lourde et masqué pendant l'attaque par une fumée épaisse, émise par des appareils de la marine. Ce rideau opaque nous permettra de contourner cette hauteur formidablement fortifiée et de faire notre jonction vers la Suippe avec la III⁰ armée, partie de Reims.

Les chefs sont pleins de confiance. C'est la guerre en rase campagne qui recommence. On nous fait équiper et approvisionner pour ce genre de guerre.

On nous promet des tanks, plusieurs doivent marcher avec le régiment.

16 Avril. — L'attaque est pour demain. Nous partons à 15 heures pour être à l'heure H à la pyramide de Mourmelon. Nous arrivons à la nuit à Mourmelon-le-Grand, occupé par le 20ᵉ, qui monte à 11 heures. Nous causons avec les deux médecins du 20ᵉ, déjà rencontrés en forêt d'Apremont, en novembre 1916. Nous montons à notre tour à 2 heures. Nuit noire. Il pleut. Boue liquide et profonde. Quelques obus passent au-dessus de nous et vont éclater derrière Mourmelon. Route de Mourmelon-le-Petit à la Pyramide. Le jour commence à poindre lorsque nous parvenons à la crête. Halte dans le bois à droite de la crête. Beaucoup d'autos.

17 Avril. — Froid terrible. Avec le jour la pluie fait place à la neige et le vent s'élève. Bientôt c'est une véritable tourmente d'énormes flocons entraînés par un vent violent.

A quatre heures l'attaque se déclenche malgré tout, révélée par le barrage de 75 qui devient intense et domine les pièces lourdes. Pendant les moments d'éclaircie la chaîne des monts se profile entière devant nous. Grâce aux fusées nous pouvons suivre la progression de l'attaque. Le premier bond s'est bien exécuté, mais à mi-pente l'avance est en partie arrêtée.

Demande d'artillerie des deux côtés. « Allongez le tir de chez nous sur le Cornillet, le mont Blond et le mont Haut. » Cela va moins bien au Casque et au Piton. On sent qu'il reste des mitrailleuses. Faible réaction de l'artillerie allemande. Le froid devient encore plus vif et le vent qui redouble de violence empêche les avions de sortir. L'attaque se ressent du manque d'aviation, car l'artillerie ne peut se fier qu'aux fusées pour régler son tir.

Vers six heures une « cage à poules » vient lancer un pli au-dessus du P. C. (Pétain est là !), mais on voit qu'elle se maintient très difficilement stable dans cette tempête.

Le froid est de plus en plus terrible et nous commençons à être trempés. Rabin et moi nous cherchons un abri dans un trou et nous nous endormons tout en grelottant. J'ai la notion de ce que doit être la mort par le froid.

L'attaque semble ne pas bien marcher, et cependant vers dix heures nous progressons. Marche en ligne de section au milieu de toutes les batteries en pleine action.

Le casque enfoncé jusqu'aux yeux, nous marchons abrutis par ces explosions toutes proches. Le système nerveux arrive à être tellement anesthésié par ces détonations que je ne remarque plus le moindre tressaillement chez nos hommes au moment des départs très rapprochés ; seul le souffle les déplace légèrement lorsque les pièces qui tirent sont derrière nous.

Par petits bonds nous gagnons la lisière des bois qui dominent Prosnes. Là nous sommes en vue des Allemands (les crêtes n'étant pas encore à nous). Aussi le bataillon doit-il gagner Prosnes en traversant par escouades les dix-huit cents mètres de plaine. Nous sommes les derniers, nous avons au moins quatre heures à attendre. Avec le docteur Baudoin (1) nous cassons la croûte dans un abri d'artillerie occupé déjà par les officiers de la 3ᵉ, qui passe aussi la dernière.

Je m'engage à mon tour dans la plaine, suivi des infirmiers. Le spectacle est beau et assez saisissant. Le terrain descend en pente douce jusqu'au village et au ruisseau de Prosnes, bordé d'arbres. Dans cette partie de la plaine éclatent sans ordre des fusants. De l'autre côté du ruisseau la voie romaine, puis les pentes de la chaîne des Monts, qui disparaît maintenant sous la fumée des tirs de barrage. Malgré nous, nous pensons à notre passage cette nuit entre les deux sommets, au milieu de ces tirs, qui semblent plus fournis que ceux de Verdun. Derrière Prosnes, deux batteries 120 et 75 tirent en plaine, à peine masquées par les arbres du ruisseau et les maisons du village. Nous passons vite, car les Boches arrosent copieusement de 150 le village et le ruisseau.

---

(1) Le docteur Baudouin, médecin du bataillon.

Du village il reste peu de chose. Des pans de murs.

Nous longeons le ruisseau par un petit sentier encombré de débris de toute sorte, parmi lesquels surtout des munitions. Il n'y a guère moyen d'avancer et les 150 continuent à tomber. Lorsqu'ils tombent près de nous, tout le monde se « planque », puis on se relève et personne ne va plus vite qu'auparavant. Il faut, dans ces moments-là, un terrible effort de volonté pour rester calme. Lorsqu'on a la responsabilité des hommes qui vous suivent, on a envie de foncer dans tout ce qui vous fait obstacle pour sortir plus vite de la zone dangereuse.

Nous rejoignons sans « casse » le bataillon qui est abrité le long du talus du ruisseau, et, une fois mes hommes casés, je vais retrouver le commandant et Baudoin, installés dans un double abri, qui contient des couchettes ! Il était temps, car plusieurs salves de 130, 150 viennent tomber juste devant nos abris, sur le chemin que nous venons de parcourir. Personne n'est touché, on ne sait comment !

Dîner rapide à la popote. Visite du colonel. L'attaque est manquée. Nous ne monterons pas cette nuit.

A minuit, ordre de retourner à Mourmelon-le-Grand.

Nous refaisons, en sens inverse, le chemin parcouru pendant le jour. Marche interminable par suite des détours forcés, quelques obus nous suivent et tapent dans le 2ᵉ bataillon.

La route de la Pyramide à Mourmelon-le-Petit offre un encombrement indescriptible. Tout ce que l'on peut rencontrer dans une armée y est représenté, depuis le fantassin, qui remplit les vides entre les véhicules de toute sorte, jusqu'aux tanks. Ceux-ci mêmes ne peuvent se frayer un passage que lentement avec des arrêts sans nombre. Dans la nuit, ils donnent l'impression de grands camions bas, un peu plus lourds et plus bruyants que les autres. Il s'en échappe une épaisse colonne de fumée blanche. Seul le fin museau du 75 à l'avant les caractérise.

A Mourmelon-le-Petit, je cherche à rassembler mes hommes, mais ils sont dispersés comme tous ceux du régiment, et c'est avec quelques camarades que je gagne Mourmelon-le-Grand, vers une heure.

Nous avons fait, depuis Dampierre, cinquante-huit kilomètres. Tels que nous sommes, nous tombons sur des couchettes et nous nous endormons.

18 Avril. — A quatre heures, Desplas vient me réveiller en sursaut. Un obus est tombé sur le bâtiment dans lequel est logée toute la compagnie. Là, un spectacle effrayant. La poussière n'est pas encore dissipée et toute la chambre est plongée dans le brouillard au milieu duquel circulent des ombres dont beaucoup sont ensanglantées. L'obus a percuté au centre de la pièce sur le sol cimenté, y creusant un large entonnoir, dans lequel se trouve un tronc d'homme déchiqueté. Deux blessés râlent, affreusement mutilés, d'autres blessés m'appellent, des camarades que je ne reconnais même pas, tant ils sont recouverts de plâtras.

C'est à grand'peine que nous retirons neuf grands blessés, dont le sergent Benoît et l'aspirant Bonnet.

Vers huit heures, je vais prendre un peu de repos. Après le déjeuner nous allons cantonner dans le village de Mourmelon. Je partage la chambre de Baudoin.

Pendant la nuit, réveillé, je puis compter dix-sept obus qui passent au-dessus de notre maison et se dirigent vers le camp.

19 Avril. — Nous partons à dix heures pour être le soir à la ferme de Moscou. Mon bataillon étant en réserve, je suis adjoint au médecin-chef du régiment.

Nous montons lentement avec la musique et ses brouettes porte-brancards. Nouvelle marche entre les batteries, rendue difficile à cause de notre nombre et des brouettes qui versent de temps à autre avec tout leur chargement. Nous faisons une pause juste devant deux batteries de 75 et 120 qui font un tir de barrage : c'est à devenir fou. Nous causons avec le lieutenant-colonel d'artillerie de la division marocaine : ses pièces tirent en moyenne mille coups par jour depuis le 16 ; aussi ne peut-on plus causer avec les servants qu'en criant aussi fort que possible dans leurs oreilles.

Aujourd'hui les bataillons d'Afrique attaquent un fortin qui tient encore au sommet du Casque.

Nous gagnons non sans difficultés ni sans quelques obus la ferme de Moscou et de là les abris à l'est, situés sous la voie romaine. Dîner avec le commandant et Baudoin dans un petit P. C. bien aménagé.

Nuit calme.

20 Avril. — Déjeuner avec le commandant. Plusieurs obus vers la fin du déjeuner. Il y a de la « casse ». Trente-cinq blessés et tués. Quel début !

Départ à midi avec le médecin-chef. Deux bataillons (2ᵉ et 3ᵉ) vont renforcer la 45ᵉ D. I. au mont Haut et au Casque.

Nous longeons la ferme de Moscou, dont il ne reste que des pierres, puis la voie romaine, puis la ferme de Constantine. Là nous prenons l'ancien boyau de nos premières lignes. Nous en sortons pour traverser l'interligne et gagner les lignes boches. Le terrain est bien bouleversé, mais c'est loin d'être comparable à Verdun. On peut encore reconnaître un bois de sapins, et il y a des vestiges de tranchées.

Nous commençons à gravir le mont Haut, en nous dirigeant un peu sur le Casque. Le spectacle est beau. Les éclatements qui commencent en bas de la pente atteignent un maximum d'intensité à la crête. De temps à autre les Boches déclanchent un tir de barrage de grosses pièces, 150 et 210, qui débute à la crête, descend progressivement la pente jusqu'à mi-hauteur, puis remonte jusqu'à la crête. On voit avec ahurissement des sections traverser ce tir et ressortir au-dessus presque indemnes. Le 3e bataillon de chez nous essuie un tir qui semble très serré, sans beaucoup souffrir.

Avec le médecin-chef nous sommes invités au G. B. D. 45, qui a un relais à côté du poste de secours du 1er bataillon d'Afrique, que nous remplacerons demain. Profonde sape boche, aboutissant à deux chambres. Nous partageons avec le médecin-chef la chambre de l'aumônier et du rabbin de la 45. Popote amusante, le soir, avec ces deux hommes si différents, mais qui s'entendent fort bien et causent très aimablement.

Les tirs continuent toute la nuit et nous donnent des blessés.

21 Avril. — Nous travaillons toute la journée aux blessés, puis à installer le poste de secours. Nous pourrons ce soir prendre le poste de secours du 1er bataillon d'Afrique, situé à la jonction du boyau et de la piste que suivent les blessés ; mais la sape est trop petite pour nous tous, et il nous faut déblayer un autre abri pour la musique. Nous en découvrons un superbe. L'entrée vite déblayée, nous trouvons à dix mètres sous terre un véritable appartement : un couloir et cinq belles pièces récemment boisées, avec de bonnes couchettes. Les musiciens s'y installent.

Longue conversation dans l'après-midi avec l'aumônier du 1er bataillon d'Afrique et les médecins.

La relève de la 45e D. I. se fait en vitesse à la nuit tombante. Il est étrange de voir avec quelle résignation les hommes traversent les tirs de barrage les plus effrayants. Sur le visage des hommes qui montent (14e d'infanterie) se lit une tristesse tellement profonde qu'elle confine à l'abrutissement. Sur ceux qui descendent, la joie déborde, et s'ils le pouvaient, ils monteraient les uns sur les autres pour aller plus vite. Un homme du bataillon d'Afrique tient en laisse un superbe berger allemand. « Un prisonnier », nous dit-il en passant ; « on a tué son patron, un capitaine, mais lui, non ; il est trop beau, et puis nous l'entendions de nos lignes aboyer avant l'attaque... »

La relève terminée, nous nous installons au poste de secours du 1er bataillon d'Afrique. Belle sape à deux étages, dont le service de garde occupe le premier, le médecin-chef et moi, le second en profondeur. Superbe échantillon de la saleté boche. Sous nos couchettes, il y a de tout : grenades, vêtements, outils, campements, caisses de savons. A onze heures arrive l'ordre de relève pour le petit jour. C'est bien le sort du fantassin ! Lorsqu'il commence à être installé, il doit partir.

22 Avril. — Les tirs de barrage ne cessent pas pendant toute la nuit.

Relève rapide entre deux tirs. Nous dévalons le mont Haut jusqu'à la ferme de Constantine, suivis par de grosses marmites, qui ne nous font pas de mal, heureusement.

A la ferme, j'évacue le lieutenant Vimal du Monteil, blessé à la face. Le 2ᵉ bataillon au mont Haut a eu de grosses pertes.

Retour sans obus. Près de Baconnes, un attelage, dont les chevaux sont emballés et portent déjà sur leur timon un cheval embroché, manque renverser nos musiciens. Nous en sommes quittes pour relever nos voiturettes, versées une fois de plus.

Nous gagnons Mourmelon-le-Grand, tristement célèbre pour nous.

23 Avril. — Repos au camp.

24 Avril. — Nous remontons l'après-midi, à 14 heures, pour occuper le secteur entre Auberive et le Sans-Nom. Départ sans enthousiasme ; nous en avons tous assez de ces relèves tous les deux jours, car nous sommes très fatigués et sans rien faire de précis nous perdons beaucoup de monde.

Nouvelle marche interminable dans le camp, entre les petits bois de sapins. Marche sans précautions, d'ailleurs, qui nous vaudra un bon tir de barrage tout à l'heure.

A peine, en effet, sommes-nous dans le petit bois dominant la voie romaine, que se déclenche sur notre droite un tir de barrage de 130 comme j'en ai rarement vu. Nous nous « planquons » en attendant que ce soit fini, puis nous gagnons la voie romaine.

Un long boyau peu marmité nous conduit à nos anciennes premières lignes, que nous quittons.

L'interligne est franchement bouleversé. Il fait nuit noire. Seuls les éclatements et les fusées éclairent, de temps à autre, notre piste qui est inextricable. C'est un véritable fouillis de trous d'obus et de vestiges de boyaux remplis de fils barbelés enchevêtrés avec leurs piquets brisés et les chevaux de frise. Nous tombons tous successivement dans des entonnoirs plus ou moins profonds. Rien ne paraît interminable comme une relève dans un secteur nouveau. Le plus souvent les guides qui sont venus explorer le secteur en plein jour connaissent mal le chemin, hésitent et se trompent la nuit. De là, pour toute la colonne, des arrêts plus ou moins longs, des à-coups pénibles. Pour peu que les obus se mettent à tomber ou que l'endroit soit pris d'enfilade par une mitrailleuse, la situation devient charmante ! La grosse préoccupation, c'est de n'être pas coupé (c'est-à-dire perdre de vue ceux qui vous précèdent), car la fraction coupée, si ceux qui la précèdent ne s'en aperçoivent pas, est perdue jusqu'au jour, ne pouvant dans la nuit s'orienter de façon assez sûre pour gagner les lignes sans risquer d'aller chez les Boches.

Grâce au ciel, cependant, dans cette relève tout se passe bien. Après l'interligne, on nous fait suivre les anciennes premières lignes allemandes, très bouleversées et encombrées de cadavres, puis le long boyau de Constantinople, très évasé par le bombardement, mais suffisant pour que nous puissions nous défiler. Sans peine nous atteignons le poste de secours du bataillon 168, que nous relevons.

L'abri est simple et peu pratique : sous le boyau de Constantinople, une entrée très basse, à laquelle fait suite une petite sape droite de dix mètres de profondeur, terminée par une niche transversale creusée à même la craie et non boisée. Nous nous empilons à quinze là-dedans pour la nuit. Baudoin et moi, installés dans la niche du fond, nous ne pouvons nous empêcher de rire en voyant les positions incroyables prises par les infirmiers pour pouvoir tenir tous dans ce trou. Quelques-uns sont couchés dehors dans le boyau.

Pas trop de blessés, heureusement, car nous ne

pouvons même pas les faire entrer dans le poste de secours pour les panser, et dans le boyau il ne fait pas bon, les Boches ayant dû s'apercevoir de la relève.

25 Avril. — Le lendemain, dès le jour, nous aménageons le poste de secours. Nous construisons dans la paroi opposée au boyau un petit abri destiné à protéger, au moins contre les éclats, les blessés pendant les pansements. Visite du général Riberpray et de M. Friant.

Toujours pas mal d'obus. L'un d'eux est même tombé sur notre abri en nous « soufflant » sérieusement. Malgré cela on sent que les Boches ne sont pas en pleine possession de leur artillerie et qu'ils ne font pour le moment que des tirs de repérage. Entre le commandant et nous, le boyau semble bien repéré.

26 Avril. — Matinée calme. Nous apprenons que nous devons aller occuper un poste de secours sur notre gauche, à mi-pente nord-est du mont Sans-Nom, ce qui ne nous réjouit guère, car cet endroit ne cesse d'être enveloppé de la fumée noire des éclatements.

Je pars à la tombée de la nuit avec Coudreau, pour pouvoir passer par le poste de secours du régiment.

A peine avons-nous fait deux cents mètres, que nous nous trouvons en plein tir boche, heureusement de petit calibre, 77 et 88. Le boyau existe encore en certains endroits, mais en d'autres il n'y en a plus trace ; aussi est-ce dans les trous d'obus que nous faisons de superbes « plat-ventre ». Nous nous abritons quelques minutes dans une sape boche, mais, comme le tir ne cesse pas, nous reprenons notre route. Comme nous arrivons devant le poste de secours, un obus éclate juste à côté de nous sur le parapet de la tranchée et nous couvre de terre.

Avec Coudreau, j'entre dans le poste de secours. Bel abri boche, ancien poste de secours, qui renferme encore tout un matériel sanitaire au grand complet et bien rangé dans une vitrine ! Au fond de l'abri, une sape profonde qui, malgré ses dix mètres de profondeur, s'est effondrée en partie sous la pression d'un de nos 400.

Le bombardement ne cessant pas, nous restons un moment au poste de secours, puis, profitant d'une accalmie, nous partons avec un musicien qui connaît le chemin. Par bonds successifs, au pas gymnastique, car les obus tombent tout autour de nous, nous escaladons le Sans-Nom et sans « casse » nous nous engouffrons dans notre nouveau poste de secours.

M. Baudoin et tous les infirmiers sont déjà installés. Très bel abri, s'ouvrant sur un boyau particulier auquel on accède par un escalier recouvert de tôles. Creusé à même le Sans-Nom sous des sapins, cet abri comporte une pièce boisée très spacieuse. Huit couchettes occupent le mur du fond. Des portemanteaux sur les murs latéraux. Deux fenêtres très bien comprises de chaque côté de la porte, qui est centrale. Deux tables complètent le mobilier avec les chandelles qui soutiennent le plafond. Deux fuites d'eau bien drainées nous assurent deux seaux d'eau par jour, ce qui, dans cette région, a une valeur inestimable.

Plusieurs blessés pendant la nuit.

27 Avril. — Nous aménageons le poste de secours. A force de déménager, chacun finit par avoir son rôle, et le travail se fait mécaniquement.

Vers deux heures, une détonation formidable ébranle notre abri, en arrache la porte et les fenêtres qui vont se plaquer sur le mur de fond. Une fumée épaisse envahit toute la pièce. Nous mettons nos masques et nous allons sortir lorsque nous entendons tout autour de nous une série de détonations faciles à reconnaître pour des éclatements de grenades. Il n'y a plus de doute possible : c'est le dépôt de munitions du bataillon qu'un obus boche vient de faire sauter.

Cinq hommes de la liaison du bataillon, dont le caporal Liber, qui étaient dans une sape voisine, sont légèrement blessés. Nous les évacuons, mais il en manque un qui doit être enterré. C'est Venaux. On ne peut approcher de la sape en ce

moment, car les grenades continuent à éclater ainsi que des sacs de cartouches, à mesure que l'incendie se propage, alimenté par les grenades incendiaires. Il faut attendre et écouter. Au bout de deux heures on entend nettement des cris et, grâce au dévouement de mes quatre tambours, le pauvre Venaux peut être retiré des décombres, très contusionné. Nous l'évacuerons aujourd'hui.

La soirée se passe à consolider notre abri qui n'a plus ni porte ni fenêtres. Nous bouchons les ouvertures avec des sacs à terre, car elles sont tournées du côté des Boches. Le bombardement ne cesse pas : avec tous les calibres, depuis les gros obus de rupture jusqu'aux 88, très dangereux à cette distance et dans notre situation, car ils arrivent de plein fouet. Plusieurs d'entre eux ont déjà éclaté sur notre poste qui se comporte très bien.

L'agrément de ce poste, c'est la proximité du P. C. du commandant, qui est devant nous. Un petit boyau peu profond, mais bien camouflé, y conduit. L'abri du commandant est ce que j'ai vu de mieux comme travail en ligne. Au premier étage, trois pièces ; au centre, le bureau, grande salle carrée, très bien boisée, peinte au ripolin avec une frise très allemande. Une grande table occupe le centre de la pièce avec, tout autour, des stalles d'église en bois sculpté. Une grande glace à cadre doré garnit un des panneaux. Des sièges variés, dont un grand fauteuil, complètent le mobilier. A droite, la chambre du commandant, plus finie comme peintures et boiseries, présente deux jolies colonnes octogonales. L'officier boche qui occupait ce P. C. avait, à portée de la main, éclairage électrique, téléphone, sonnettes pour officier adjoint, pour secrétaires, pour ordonnances, etc. A gauche, même chambre, moins soignée, avec trois couchettes pour officiers adjoints.

Il est inutile de dire que tous les matériaux et le mobilier provenaient des pays occupés. Un groupe électrogène de Charleville fournissait la lumière électrique et la force pour actionner la pompe à eau. Les poêles venaient du Familistère de Guise, etc.

De chaque côté de la salle centrale, dans les petits couloirs menant aux chambres, s'ouvraient deux sapes profondes, conduisant à de véritables appartements souterrains, actuellement en partie éboulés. Mais le premier étage pouvait déjà résister à un bombardement sérieux, avec ses quatre mètres de terre et son bétonnage. D'ailleurs, notre bombardement et celui des Boches l'avaient laissé intact.

Un troisième abri, un peu plus en avant, complétait probablement le P. C. boche. Admirablement situé en contre-pente, entre la tranchée circulaire du Sans-Nom et le boyau de Cernovitz. Cependant aucun boyau ne réunissait ces abris aux tranchées voisines, probablement pour n'en pas indiquer les emplacements exacts. Fait à l'honneur de notre service de renseignements, ces trois abris avec leur absence de boyaux figuraient sur nos plans directeurs avant l'attaque, et cela malgré un camouflage admirable des Boches. Si nous voulions, en France... Mais...

28 Avril. — Les Boches ont envoyé des obus à gaz pendant la nuit. Le bombardement est violent. Vers seize heures, nouvelle alerte aux gaz.

Arrive au poste de secours un maréchal des logis d'artillerie qui se traîne lamentablement et fait signe qu'il ne peut parler. Il peut juste inscrire sur une feuille de papier ces mots : « gaz, sape, observation armée, camarades morts, sauver instruments », et il perd connaissance. Un de ses camarades, moins touché, arrive à son tour et peut conduire Lesage jusqu'à la sape de l'observatoire devant laquelle les obus sont tombés et dans laquelle doivent se trouver un ou deux artilleurs. Nous ranimons un peu le maréchal des logis qui écrit encore avant d'être transporté : « Trois frères tués, sans famille, peux mourir, trois citations. »

Lesage a essayé de pénétrer dans la sape avec un masque individuel, mais la densité du gaz est trop forte. Il n'y a d'ailleurs aucune urgence à y descendre, car les hommes qui y sont restés sont certainement morts. Nous faisons demander des Tissots pour y descendre ce soir. Pendant le dîner les appareils arrivent. Le commandant nous demandant de descendre le soir même, Baudoin et moi nous prenons chacun un appareil, une corde et emmenons deux hommes solides. Lesage nous conduit. A peine sommes-nous sortis du boyau que les Boches nous tirent au fusil d'abord, puis à la mitrailleuse. Galopade éperdue vers la sape, sur le sommet et la pente nord du Sans-Nom. Un petit boyau à l'entrée de la sape nous abrite à temps de quatre salves de 77 qui éclatent juste au-dessus de nous. J'ajuste mon masque et je descends dans la sape. Vers la quinzième marche mon appareil se bouche. J'éprouve une sensation intense d'étouffement qui me fait soulever mon masque instinctivement. A la deuxième inspiration je tombe comme une masse, je reste lucide, mais incapable de faire un mouvement. Mes camarade se portent à mon secours et me font sortir dans le boyau en me portant comme un paquet. Pendant dix minutes je reste inerte, respirant très difficilement, souffrant terriblement de la poitrine et de l'estomac jusqu'au moment où un fort vomissement me soulage.

Baudouin, dont l'appareil fonctionne bien, ne constate pas la présence d'artilleurs. D'ailleurs, ceux-ci nous rejoignent bientôt. Ils étaient au ravitaillement alors que leurs camarades les croyaient dans la sape. Mais notre situation n'est pas joyeuse. Les Boches continuent à tirer sur nous ; nous ne pouvons nous abriter dans la sape ni même à l'entrée sans être incommodés par les gaz, et pour nous éloigner nous devons remonter la pente à découvert avant de trouver un boyau... Profitant d'une accalmie, nous sautons hors du boyau, nous grimpons la pente le plus vite possible et sans dommage nous atteignons la tranchée circulaire du Sans-Nom, qui couronne la crête et nous conduit jusqu'au P. C.

J'ai un hoquet inimaginable, ainsi d'ailleurs que Lesage et Paysot, qui ont également une « prise de gaz ». Le commandant nous reçoit un peu ému et nous donne force « jus » et « gniaule », mais je ne puis rien garder. Toute la nuit je souffre de la poitrine et du hoquet terrible qui ne veut pas cesser. Baudoin me demande plusieurs fois dans la nuit si je veux être évacué. C'est bien tentant... Mais, comme je me sens mieux le lendemain matin, je reste.

29 Avril. — Journée calme. Vers seize heures, nous apprenons que le bataillon attaque demain : toute la 3ᵉ compagnie, une partie de la 2ᵉ, avec du 168.

Le commandant Gout commande l'attaque. Je dois assurer le service de santé de première ligne, en liaison avec lui. Comme personnel à ma dispo-

sition : Dubot, caporal infirmier ; Lesage, infirmier de la 3ᵉ ; deux équipes des brancardiers de
compagnie, l'équipe de musiciens. L'abbé Dupé
demande à venir avec moi : c'est sa place.
Ordres : les brancardiers partiront avec leur compagnie, Lesage avec la 3ᵉ, moi et Dubot avec le
commandant, à quatre cents mètres derrière la
première vague, lorsque les premiers objectifs
seront atteints. Ordres fâcheux ! Je connais le terrain et les objectifs ; nous ne pourrons rien faire
dans ces conditions, et nous ne reviendrons pas.

Je communique les ordres aux hommes, me
réservant de les empêcher de faire des actes de
folie demain. Je les connais trop, surtout les
anciens ; ils se feraient massacrer jusqu'au dernier plutôt que de ne pas se porter immédiatement
au secours d'un blessé. Malheureusement, il faut
souvent attendre, car on ne peut sacrifier plusieurs
vies pour une problématique.

Dîner étrange : le commandant a sa physio-
nomie des grands jours et ne mange pas : mauvais signe. Baudoin se multiplie pour égayer notre
petite table ; mais, contrairement à l'habitude, le
capitaine Blin ne répond pas. Malgré soi, comme
toujours avant les coups durs, on se demande
combien on se retrouvera à cette même popote.

Nuit agitée, par suite du bombardement qui fait
rage sans cesser une minute et en raison de
blessés assez nombreux. Nous causons longue-

ment de l'attaque avec le lieutenant Minaux, dont la section s'abrite près du poste de secours. Le but de l'attaque de demain est d'occuper l'ouvrage boche « Sarengrün », pour en prendre les mitrailleuses et faire des prisonniers. Il s'agit d'un ouvrage formidable, comprenant de nombreux abris, dont deux tunnels !

30 Avril. — A quatre heures nous sommes debout. Equipement d'attaque : pistolet, un bidon de « gniaule », un d'eau, une musette de pansements, une de vivres. A cinq heures et demie nous sommes au P. C. Grand calme. Le sous-lieutenant Gladel, le capitaine Blin, Marchiat et le commandant causent tranquillement. Deux officiers d'artillerie arrivent et assurent que la préparation sera très bonne. Dernière entente pour les fusées. Voici le lieutenant Podebar, tiré à quatre épingles ; il n'a pas une tache de craie, malgré les tirs de barrage très serrés qu'il a eu à traverser. C'est l'officier E. M. du colonel Girard qui commande l'infanterie de la division. De leur conversation avec le commandant, il résulte que cette attaque trop précipitée est faite contre la volonté du colonel et contre celle du commandant, qui ne cache pas son peu d'espoir.

A six heures, nous partons, au moment où les Boches semblent vouloir se calmer. Toute la nuit, ils n'ont cessé de déclencher sur tous les secteurs des tirs de barrage terribles : c'est à croire qu'ils ont été prévenus de l'attaque. Je suis inquiet pour Lesage, qui est monté à quatre heures avec la section Jacquemin.

Nous gagnons le boyau de Czernowitz. Le commandant est en tête, suivi de Gladel et de Blin. Je viens ensuite avec Dulot et Dupé. Dans le petit bois de sapins (ou ce qui a été !), plat-ventre général ; un bon gros 150 arrive en soufflant, passe au-dessus de notre tête et éclate de l'autre côté du boyau. On accélère, car l'endroit est mauvais. Nous tournons ensuite à droite pour prendre le boyau du « Landsturm ». Nous sommes maintenant dans la plaine en avant du Sans-Nom ; à notre gauche le Téton, le Casque et toute la chaîne de Moronvilliers ; à notre droite la plaine d'Auberive jusqu'à la Suippe et Vaudesincourt, que l'on devine à peine à travers la fumée des éclatements.

A mesure que nous approchons des deuxièmes lignes, notre boyau s'évase de plus en plus, pour ne plus être formé que par deux bourrelets de terre parallèles, espacés de deux à trois mètres ; boyau absolument droit, enfilé par les mitrailleuses boches et dans lequel nous commençons seulement à établir quelques pare-éclats. Les hommes de la 1re se sont creusé des niches individuelles dans les bourrelets de terre. Nous rencontrons le sergent Lécole, le lieutenant Jupile et le capitaine Validier. Les pauvres vieux de la 1re sont contents de ne pas attaquer.

Nous suivons ensuite toute la 1ʳᵉ ligne et nous pouvons causer avec ceux qui vont attaquer et qui déjà occupent leurs places de départ. L'attaque ne les effraie pas et leur état d'esprit peut très bien se résumer par cette phrase qu'ils m'adressent presque tous : « Monsieur le Major, c'est aujourd'hui que vous m'évacuez avec la bonne blessure » ? La bonne blessure ! On ne peut s'imaginer tout le bonheur que ces simples mots font entrevoir au poilu ! Pour lui, c'est tout le « barda » jeté pêlemêle dans le boyau, puis la course, aussi rapide que le permet la blessure, vers le poste de secours du bataillon, après pansement par un camarade ou un brancardier. Au poste de secours, c'est la goutte de « gniaule », le pansement plus soigné et la « fiche de blessure », la fameuse fiche qui vous permet de gagner l'arrière. Après le poste de secours du bataillon, c'est le poste de secours du régiment, puis le G. B. D., puis l'auto, puis l'ambulance et enfin l'hôpital avec un vrai lit et des draps blancs. Puis c'est la convalescence, « la permission qui ne compte pas » !

L'attaque n'inquiète plus le poilu qui compte sur elle pour réaliser son rêve. Il est vrai qu'il y a d'autres solutions. La mort ? c'est la délivrance. Prisonnier ? c'est l'inconnu. Deux perspectives l'effraient : l'agonie lente sans secours entre les lignes et la mutilation. Mais il n'y faut pas penser, si l'on veut sortir « en beauté » tout à l'heure... Le mot aux parents est parti hier. Les objets précieux sont bien rangés ou confiés aux camarades qui ne partent pas. L'homme, son équipement solidement fixé, attend patiemment l'attaque dans une vague rêverie.

Tout le long de la première ligne c'est un alignement ininterrompu d'hommes prêts à partir. Une poignée de main, un mot à ceux que l'on connaît. Le commandant trouve le mot « tonique » qu'il faut pour chacun. L'impression générale est confiante, mais si l'on regarde par-dessus le parapet le terrain de l'attaque, on est malgré soi un peu inquiet : pente douce aboutissant à une crête boisée, beaucoup trop boisée encore malgré le « pilonnage » de la « lourde » depuis hier. Le canon ne donne plus ; seuls de gros « zinzins » s'en vont loin derrière les lignes boches. Espérons ! Le bataillon a de la chance depuis quelque temps.

Nous arrivons au P. C. Belle sape à l'entrée et trois chambres. J'installe mon poste de secours à l'une des sorties, sous un abri assez solide, dans lequel on peut faire entrer un brancard. Je garde avec moi Dulot, Lesage et Dupé, avec les musiciens qui feront le relais entre moi et le G. B. D. Je vais voir mes brancardiers de compagnie. Mes deux équipes de départ placées, je m'aperçois que mes brancardiers de réserve sont là aussi en première ligne. Ils sont venus spontanément pour aider leurs camarades ou les remplacer si... Braves gens ! Je ne leur fais pas le chagrin de les renvoyer, car tout le bataillon doit marcher et j'aurai sûrement besoin d'eux.

Mes pauvres brancardiers sont malheureux, d'ailleurs, parce que, par suite de vides, j'ai été obligé de remanier les équipes ; or il y a chez eux un esprit d'équipe très marqué. L'équipe forme une unité dont les membres sont généralement unis par une sincère amitié. Ils se connaissent bien, vivant toujours ensemble, savent qu'ils peuvent compter absolument les uns sur les autres. Chacun a sa spécialité dans le travail d'ensemble : qu'il s'agisse de passages difficiles dans les coudes de barrages, d'arrivées de marmites, etc., chaque équipier sait ce qu'il doit faire dans chaque circonstance. Aussi, dans des équipes remaniées y a-t-il toujours au début un peu de flottement, mais qui disparaît vite après un coup dur. Nous allons en avoir encore un bel exemple aujourd'hui.

La sape est mal comprise pour un poste de secours ; il est impossible d'y faire pénétrer un brancard. Nous travaillerons dans le boyau et sous le petit abri dont j'ai parlé. Les quatre équipes de musiciens arrivent. Je ne puis les caser. D'ailleurs tout le monde est dans le boyau avec les hommes qui vont partir.

Calme absolu d'une belle matinée de printemps.

Le soleil radieux éclaire trop gaiement ce terrain lunaire dans les plis duquel sont blottis des hommes qui vont mourir. De temps en temps un coup de feu : une balle siffle. Un coup de canon : un obus passe et va éclater derrière nous. Un oiseau chante obstinément dans les branches d'un sapin brisé.

Rien à faire avant l'heure de l'attaque. Je vais écrire une lettre à maman et j'y mets une fleur cueillie dans ce chaos. Cette lettre parviendra-t-elle, et à la suite de quelles péripéties ? Peut-être la trouvera-t-on sur mon cadavre dans quelques heures, là devant, entre les lignes. Elle est bête, cette lettre, car elle n'est pas naturelle, mais je l'écris cependant, pour être un peu chez moi avant la montée.

Je rejoins le commandant au fond de la sape. Le capitaine Pascal, qui doit partir avec sa compagnie, est là, très calme.

« Bonjour, docteur, cela ne va pas ! Vous m'évacuerez après l'attaque, si... »

Visites nombreuses. Colonels du 169, du 168, etc.

Nous déjeunons. L'approche de l'heure de l'attaque nous a rendu notre entrain, sinon une franche gaieté.

On téléphone au commandant pour lui donner l'heure de l'attaque. Cette heure est proche. Le capitaine Pascal nous quitte. Avec une ébauche de sourire : « Bonne chance ! » nous dit-il en partant.

Je vais dans les parallèles choisir mon point de grimpée pour partir tout à l'heure si l'attaque réussit. A gauche de notre poste de secours actuel monte le boyau barré qui gagne les lignes boches. A notre droite et en avant, de petits bois de sapins qui pourront nous abriter et nous permettre la relève des blessés et leur évacuation par le boyau.

Tout est prêt. Les hommes assujettissent une dernière fois leur équipement.

La fusée. Le départ. Grimpée superbe. Pas un retardataire. D'un seul bond la première ligne est dehors.

L'artillerie fait rage. Les premières balles arrivent sur le boyau. Follement les chefs de section sont partis en tête. JACQUEMIN, MINACO, MAUDHUY, GÉRAUT vont payer de leur vie cette imprudence. JACQUEMIN (ancien adjoint au colonel), pour ses débuts en attaque, part une badine à la main !

Des hommes ont été touchés dans le boyau et en grimpant le parapet. Au travail. Le lieutenant Minaco est tombé à l'entrée du boyau barré en franchissant le barrage. Nous l'abritons à l'entrée du poste de secours. Touché mortellement par une balle qui, entrée au niveau de la clavicule, est sortie dans la région lombaire. Quelques mots : « Soulagez-moi, docteur... Ma petite fille... Ma pauvre petite fille... », et il meurt.

D'autres blessés arrivent. Mes équipes nous amènent beaucoup de travail. La fusillade, peu nourrie au début, devient très vive. Plusieurs mitrailleuses balayent le terrain de l'attaque. Les balles arrivent dans notre boyau. Quelques-unes claquent sur les poutres de notre poste. L'artillerie tape un peu en arrière de nous. Un barrage serré sur le Constantinople empêche mes musiciens de gagner le poste de secours de relais du G. B. D.

Il faut à tout prix éviter l'embouteillage de mon poste. Je fais filer à pied mes blessés le plus vite possible. On case où l'on peut les couchés. Travail intense tout l'après-midi. Pansements, fiches, évacuations nous absorbent tellement que nous ne pouvons suivre l'attaque. Dulot aux grands blessés couchés, Lesage et Dupé aux blessés debout font de bonne besogne. Je vais d'un groupe à l'autre et je surveille mes brancardiers. Deux de ces derniers sont tombés entre les lignes en allant chercher le lieutenant Géraut que ramenaient leurs deux autres co-équipiers. Hélas ! ce sont deux de mes meilleurs, deux de mes vieux préférés : Bretonnière, dit Yvonne, et César de Rochefort. Le premier est mort, étendu à la lisière du petit bois, son brancard à côté de lui. César, touché par trois balles, s'est traîné jusqu'au boyau ; atteint à la gorge, il ne peut proférer une parole, mais ses bons yeux naïfs se remplissent de larmes lorsqu'on lui parle d'Yvonne; (des deux frères de César, l'un a été tué, l'autre est rapatrié d'Allemagne amputé des deux jambes !)

L'attaque est arrêtée, et nos troupes sont en très mauvaise posture. Contre-attaqués de flanc gauche par des grenadiers boches sortis du boyau de Constantinople, nos hommes sont tombés sur des lignes intactes et remplies de troupes et sont pris de face et surtout de droite par des mitrailleuses. Couchés dans des trous d'obus, ils ne peuvent plus avancer et doivent attendre la nuit pour se replier. Les renseignements fournis par les blessés ne sont pas rassurants. Il en est toujours ainsi. Pourquoi un homme blessé voit-il la situation plus critique après avoir été touché qu'auparavant ? J'ai vu fréquemment des hommes très braves devenir subitement peureux, quelquefois après une blessure insignifiante...

La nuit se passe à la recherche des blessés entre les lignes.

Nous apprenons la mort de Baudoin (tué par un obus près du poste de secours du Sans-Nom).

1ᵉʳ Mai. — Visites, le colonel, divers officiers.

A midi, retour au poste de secours du Sans-Nom, où je retrouve Froelich, qui remplace le pauvre Baudoin.

2 Mai. — Calme. Quelques blessés. Le bombardement, continuel la nuit, cesse un peu l'après-midi et nous permet de prendre un peu l'air. La région qui nous environne commence à prendre l'aspect lunaire de Verdun ; mais, au lieu de la boue, c'est de la craie.

3 Mai. — Nous consolidons le poste de secours, car presque toutes les nuits de gros obus tombent dessus.

4 Mai. — Bombardement toute la nuit.

5 Mai. — Journée calme. Nous jouons au bridge.

6 Mai. — Quelques blessés pendant la nuit. Bombardement plus calme.

7 Mai. — Calme relatif. Le sergent Magne est blessé.

8 Mai. — Bombardement violent pendant la nuit avec des pièces de gros calibre.

****

Ici, le journal prend fin. Le 9 mai, à 2 heures du soir, Jacques VILLETARD DE PRUNIÈRES était blessé à la tête en sortant du poste de secours.

Emmené d'abord au poste de secours du régiment, puis au G. B. D., il fut de là conduit dans une automobile anglaise à l'ambulance de Mont-Frenet, où il resta jusqu'au 14 mai. Il fut alors évacué sur un hôpital de Bordeaux.

CITATIONS

CITATIONS

Le 3 octobre 1916.

ORDRE Nᵒ 33

Le chef de bataillon HUE, *commandant le génie de la 13ᵉ division d'infanterie, cite à l'ordre :*

Le médecin auxiliaire VILLETARD DE PRUNIÈRES, *nᵒ matricule 04009 de la Compagnie 21/1 du Génie :*

« *Dans la nuit du 9 au 10 octobre 1914, lorsque le village d'Hulluch dut être évacué sous la pression de l'ennemi, a voulu demeurer avec la section du Génie désignée pour se retirer la dernière.*

« *Blessé au moment du départ de cette section.* »

Le chef de Bataillon Hue,
Commandant le génie divisionnaire.

(Signé) HUE.

128ᵉ DIVISION D'INFANTERIE

—

256ᵉ Brigade

—

169ᵉ RÉGIMENT D'INFANTERIE

—

Le 6 février 1917.

ORDRE N° 149

Le lieutenant-colonel JACOB, *commandant le 169ᵉ Régiment d'Infanterie, cite à l'ordre :*

Le médecin auxiliaire VILLETARD DE PRUNIÈRES, *du 1ᵉʳ Bataillon du 169ᵉ Régiment d'Infanterie :*

« Joint aux plus belles aptitudes techniques les plus brillantes qualités militaires. Par son entrain, son énergie, a su assurer l'évacuation des blessés de la ligne à l'arrière, malgré les violents bombardements ennemis et les difficultés d'un terrain inondé et presque impraticable. »

Le lieutenant-colonel Jacob,
Commandant le 169ᵉ d'Infanterie,

(Signé) JACOB.

128ᶜ DIVISION

—

169ᶜ RÉGIMENT D'INFANTERIE

—

CITATION A L'ORDRE DE LA BRIGADE

Le Colonel commandant l'infanterie de la 128ᵉ D. I. cite à l'ordre de la brigade n° 86 :

Le médecin auxiliaire du 1ᵉʳ bataillon VILLE-TARD DE PRUNIÈRES.

« *Par sa belle attitude personnelle, son énergie, son entrain, son dévouement, a assuré dans les meilleures conditions le service sanitaire au combat du 30 avril 1917.* »

En campagne, le 8 mai 1917.

Le Colonel commandant l'infanterie de la 128ᵉ D. I.,

(Signé) GIRARD.

TABLE DES MATIÈRES

SOCIÉTÉ NOUVELLE
DE
L'IMPRIMERIE DU LOIRET
ORLÉANS